Imke Johannson

DekoLiebe
Geschenke aus der Küche

Lifestyle
BUSSE SEEWALD

Inhalt

süss

Maronen-Apfelmus	8
Orangen-Makrönchen & Maronen-Makrönchen	12
Bratapfel-Cookies	18
Kuchen im Glas	22
Backmischung für Brownies	28
Karamell-Likör & Karamell-Likör-Kekse	32
Dattel-Amarettini & Zimt-Sahne-Sterne	38
Cake Pops mit Lebkuchen-Flavor	44
Amaretto-Kirschen & Bratapfelhonig	50
Glühweingewürz & Zucker-Sterne	54
Knuspermüsli mit Mango und Krokant	60
Orangen-Anis-Marmelade & Pinien-Mus	64
Weihnachtliches Schokoladenfondue	70
Weißer Nougat & Mandelnougat	74
Ingwer-Mandeln & Spekulatius-Schokolade	80
Butterkaramell-Bonbons	86
Weiße Pralinen mit Himbeerhäubchen & Baileys-Kugeln	90
Fruchtgummi-Sterne mit Heidelbeer-Nelken-Flavor	96

PIKANT

Käsestangen mit Rotweinrebell 100

Griebenschmalz mit Wacholder 104

Selbst gemachte Nudeln in Sternform und Trüffelnudeln 108

Rucola-Walnuss-Pesto und Möhren-Oliven-Pesto 114

Tomaten-Lebkuchen-Chutney 120

Rosmarin-Pilze in Trüffelöl 124

Mandelrisotto-Mischung & Roggenbrot-Mischung 128

Dattel-Senf 134

Kräuter-Gewürzöl 138

Vorlagen 142

Impressum 144

Vorwort

Hallo, ich bin Imke Johannson, die Autorin dieses Buches.
Schön, dass wir uns hier treffen!

Vor einigen Jahren habe ich angefangen, mein Hobby zum Beruf zu machen und zunächst verschiedenste Dekoideen in liebevoll gestalteten Büchern zusammenzutragen. Im Lauf der Zeit kamen zu den Veröffentlichungen in Büchern auch Beiträge für Zeitschriften und Fernsehsender mit dazu. Und auch Rezepte!
Man kann mit Dekorationen und leckeren Rezepten einfach ein wunderbares Gefühl des Zuhauseseins schaffen. Das finde ich so toll. Außerdem ist Kreativ-Sein irgendwie etwas Göttliches. Es steckt in einem drin und man muss es einfach rauslassen und es macht sogar glücklich. Wie schön, wenn man damit auch anderen eine Freude machen kann. Geschenke aus der Küche sind da eine klassische und besonders gute Möglichkeit, dies zu tun, denn Liebe geht bekanntlich durch den Magen. Manch einer kann auch mit anderen selbst gemachten Stücken nicht viel anfangen, aber einem kulinarischen Kuss aus der Küche kann man nicht widerstehen.

Die Zeitschrift „Lust auf Genuss" hatte mich beauftragt, raffinierte Rezepte zu entwickeln und sie durch stilvolle Verpackungsideen zu einmaligen Präsenten zu gestalten. Diese Rezepte sind nun in diesem Buch zusammengefasst. Im Anhang findest Du auch die eigens dafür entworfenen Etiketten, die Du auch auf meiner Website www.dekoliebe.de oder im Downloadcenter unter www.busse-seewald.de/downloadcenter nach erfolgreicher Registrierung herunterladen kannst. Den Download-Code findest Du auf S. 144.

Da ich es selber am liebsten immer einfach mag, habe ich mir größte Mühe gegeben, mit neu erstellten Anleitungsbildern und einfachen Texten alles so zu erklären, dass man die Rezepte schnell erfassen und leicht nachmachen kann. Dann hat nicht nur der Beschenkte Freude an den Mitbringseln, sondern man selber auch schon beim Zubereiten.
Das wünsche ich Dir! Dann viel Spaß!

Imke Johannson

süss

Maronen-Apfelmus

Schmeckt bereits nur mit Sahne köstlich. Oder man streicht es auf einen Biskuitboden, verteilt darüber Sahne und hat im Nu eine himmlische Apfel-Maronen-Torte.

süss

Maronen-Apfelmus

1 Glas (500 ml), reicht für 1-2 Biskuitböden

Zubereitungszeit 35 min

Im ungeöffneten Glas 2-3 Monate haltbar

500 g geschälte Äpfel (Elstar)
50 ml Wasser
1 EL Zitronensaft
200 g Maronenpüree

100 g enthalten 88,5 kcal • 18 g KH • 0,3 g Ei • 0,8 g Fett

1. Äpfel klein schneiden.
2. Äpfel mit Wasser und Zitronensaft 20 Minuten köcheln und danach pürieren.
3. Maronenpüree unterrühren.
4. Das noch warme Maronen-Apfelmus randvoll in Einmachgläser füllen und gleich verschließen.

Tipp: Maronenpüree kenne ich aus Frankreich, wo man es in jedem Supermarkt kaufen kann und es zu vielen Speisen angeboten wird, z. B. auf Crêpes. Hier bekommt man es in Feinkostläden oder im Internet.

Maronen-Apfelmus

VORLAGE S. 142/143

süss

Orangen-Makrönchen & Maronen-Makrönchen

Für Low-Carb-Fans

SÜSS

Low Carb

Orangen-Makrönchen

Für 30 Stück

Zubereitungszeit 40 min

Luftdicht und trocken gelagert ca. 2 Wochen haltbar

1 Eiweiß
50 g Puderzucker
100 g blanchierte, gemahlene Mandeln
2 TL frisch gepresster Orangensaft
1 EL geriebene Orangenschale

1 Makrönchen enthält 28 kcal • 0,2 g KH • 0,8 g Ei • 1,8 g Fett

1. Eiweiß mit der Küchenmaschine ca. 3 Minuten lang steif schlagen. Zunächst Puderzucker hineinsieben, dann Mandeln und Orangensaft dazugeben.

2. Alles zügig mit einem Löffel verrühren.

3. Orangenschale unterheben und den Teig mithilfe eines Löffels portionsweise auf einem mit Backpapier belegten Blech verteilen. Währenddessen den Ofen vorheizen (180 °C, Umluft 160 °C). Die Makrönchen ca. 10 Minuten backen.

Tipp: Originelle Verpackungsidee: Eine Orange halbieren und aushöhlen. Bevor man die Plätzchen hineinlegt, die Hälften ca. 2 Stunden trocknen lassen und dann die untere mit Butterbrotpapier auskleiden. Die beiden Hälften mit einem schönen Band zusammenbinden.

Low Carb

Maronen-Makrönchen

süss

Für 30 Stück

ZUBEREITUNGSZEIT 40 min

Luftdicht und trocken gelagert ca. 2 Wochen haltbar

1 Eiweiß
50 g Puderzucker
100 g blanchierte, gemahlene Mandeln
50 g Maronencreme

1 Makrönchen enthält 30 kcal • 2,5 g KH • 0,8 g Ei • 1,8 g Fett

1. Eiweiß ca. 3 Minuten lang steif schlagen.

2. Puderzucker hineinsieben. Mandeln und Maronencreme dazugeben und alles zügig mit einem Löffel verrühren.

3. Den Teig mithilfe eines Löffels portionsweise auf einem mit Backpapier belegten Blech verteilen. Währenddessen den Ofen vorheizen (180 °C, Umluft 160 °C). Makrönchen ca. 10 Minuten backen.

Tipp: Die Maronen-Makrönchen wie Bonbons verpacken! Dazu aus Frühstückspapier ca. 12 x 12 cm große Quadrate zurechtschneiden, die Vorlagen ausdrucken, ausschneiden und aufkleben. Darin die Makrönchen einzeln einpacken. Diese in einer kleinen Tüte, die mit dem großen Etikett beklebt werden kann, verschenken.

VORLAGE S. 142/143

süss

Bratapfel-Cookies

Ich liebe diese Cookies, die muss man mal probiert haben!

Bratapfel-Cookies

2 rotschalige Äpfel (Elstar)
1 EL Butter für die Äpfel
100 g Butter für den Teig
150 g brauner Zucker
1 Ei • 150 g Mehl
1 TL Backpulver • 2 TL Zimt
2 Msp. gemahlene Gewürznelken
1 Pck. Vanillezucker

1 Cookie enthält 90 kcal • 12 g KH • 1 g Ei • 4 g Fett

1. Äpfel würfeln und in 1 EL Butter ca. 2 Minuten anbraten und auf einem Teller abkühlen lassen. Ofen vorheizen (195 °C, Umluft 175 °C).

2. Währenddessen restliche Butter, Zucker und Ei schaumig schlagen. Trockene Zutaten miteinander mischen und nach und nach zügig unter die schaumige Masse rühren. Apfelwürfel unterheben.

3. Den Teig mithilfe eines Löffels kugelförmig auf einem mit Backpapier belegten Blech verteilen und ca. 12 Minuten backen.

....

Tipp: Verschenke die Cookies auf einer kleinen Etagere. Man kann sie aus einem Teller und einem Eierbecher schnell selber machen. Dazu den Eierbecher mit Kraftkleber an die Unterseite des Tellers kleben. Schon fertig!

....

süss

Kuchen im Glas

Nur 1 x backen und schon hat man viele kleine und originelle Mitbringsel

Mit Roter Bete und Zimt

Mit Schokolade und Cranberrys

Kuchen im Glas
mit Roter Bete und Zimt

Für ca. 20 Einmachgläser (160 ml)

Zubereitungszeit 40 min

Direkt nach dem Backen luftdicht verschlossen 4–6 Wochen haltbar

2 gekochte und geschälte Rote-Bete-Knollen (ca. 150 g)
200 g weiße Kuvertüre
200 g weiche Butter
250 g Zucker • 3 Eier
400 g Mehl • 1 Pck. Backpulver
1 Pck. Vanillezucker • 2 EL Zimt

1 Glas Kuchen enthält 270 kcal • 34 g KH • 4 g Ei • 13 g Fett

1. Rote Bete pürieren und Kuvertüre würfeln.

2. Gläser einfetten. Ofen vorheizen (200 °C, Umluft 180 °C). Für den Teig Butter und Zucker mit einem Schneebesen verrühren, Eier dazugeben und alles schaumig schlagen.

3. Mehl und Backpulver zum Teig sieben, Vanillezucker, Zimt und Rote Bete zugeben und alles zügig durchkneten.

4. Mit einem Löffel Kuvertüre unterheben. Dann die Gläser bis zur Hälfte mit Teig befüllen und ca. 25 Minuten backen.

Tipp: Gekochte und geschälte Rote Bete gibt es vakuumverpackt zu kaufen. Ansonsten kann man frische Knollen 40 Minuten lang in Wasser kochen und sie dann nach dem Abkühlen schälen.

SÜSS

Kuchen im Glas
Mit Schokolade und Cranberrys

Für ca. 20 Einmachgläser (160 ml)

ZUBEREITUNGSZEIT 40 min

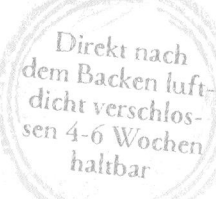
Direkt nach dem Backen luftdicht verschlossen 4-6 Wochen haltbar

200 g Vollmilch-Kuvertüre
200 g weiche Butter
250 g Zucker • 3 Eier
400 g Mehl
1 Pck. Backpulver
1 Pck. Vanillezucker
20 g Kakaopulver
200 ml Milch
200 g Cranberrys

1 Glas Kuchen enthält 280 kcal • 35 g KH • 5 g Ei • 13 g Fett

1. Kuvertüre würfeln.
2. Gläser einfetten. Ofen vorheizen (200 °C, Umluft 180 °C).
3. Für den Teig Butter und Zucker mit einem Schneebesen verrühren, Eier dazugeben und alles schaumig schlagen. Mehl und Backpulver zum Teig sieben, Vanillezucker, Kakao und Milch zugeben und alles zügig durchkneten. Zuletzt Kuvertüre und Cranberrys unterheben.
4. Die Gläser bis zur Hälfte mit Teig befüllen und ca. 25 Minuten backen.

süss

> Schnell gemacht! Und das Tolle daran: So hat man immer eine superleckere Backmischung parat.

Backmischung
FÜR BROWNIES

> Nur 3 Eier, 100 g Butter und 225 ml Milch zufügen.

süss

Backmischung
FÜR BROWNIES

100 g weißer Zucker • 1 Pck. Vanillezucker
100 g brauner Zucker
100 g Mehl
50 g Kakaopulver
100 g Mehl • 2 TL Backpulver • 1 Prise Salz
100 g Walnusskerne

1 Stück enthält 142 kcal • 16,8 g KH • 2,9 g Ei • 7,2 g Fett

1. Walnüsse klein hacken.

2. Kakao und Mehl sieben.

3. Die Zutaten in der aufgelisteten Reihenfolge in ein Glas mit Schraubverschluss (ca. 750 ml) schichten. Dabei die Schichten ab und zu mit einem Löffel festdrücken, damit alles ins Glas passt.

Tipp: Einen schönen Anhänger kann man schnell selber basteln. Aus Packpapier ein Rechteck (6 x 9 cm) reißen, dazu die Kanten gut vorfalten. Nun das Rechteck in der Mitte zu einer Karte falten. Die Vorderseite mit einem Stückchen Stoff bekleben. Darauf ein Oval aus Zick-Zack-Litze und eine kleine Schleife kleben. Die Anleitung ausdrucken und innen einkleben.

Backanleitung
3 Eier mit 100 g Butter schaumig schlagen. Backmischung mit 225 ml Milch zufügen und auf einem Blech im vorgeheizten Ofen (200 °C, Umluft 180 °C) 18 Minuten backen.

VORLAGE S. 142/143

Schnell gemachter Genuss!

süss

Karamell-Likör
&
Karamell-Likör-Kekse

Raffiniert aus Dosenmilch hergestellt

Karamell-Likör

SÜSS

Für 4 kleine Flaschen (350 ml)

Zubereitungszeit 10+180 min Kochen

Kühl gelagert ca. 4 Wochen haltbar

2 Dosen Kondensmilch (gezuckert, aus Vollmilch, Inhalt: à 400 g)
1 Vanilleschote
500 ml brauner Rum
nach Belieben 200 ml abgekochtes Wasser

100 ml enthalten 290 kcal • 28 g KH • 4 g Ei • 4 g Fett

1. Verschlossene Dosen in einem mit Wasser gefüllten Kochtopf legen, sodass sie komplett mit Wasser bedeckt sind. Das Wasser zum Kochen bringen und ca. 3 Stunden köcheln lassen. Ab und zu Wasser nachfüllen, damit die Dosen immer mit Wasser bedeckt sind.

2. Danach die Dosen etwas abkühlen lassen, bevor man sie öffnet. Durch die Hitze ist Milchkaramell (auf Italienisch Dulce de Leche) entstanden.

3. Vanilleschote längs aufschneiden, das Mark herausschaben und dieses mit den anderen Zutaten pürieren. Nach Belieben kann man den nun entstandenen zähflüssigen Karamell-Likör mit etwas abgekochtem Wasser verdünnen. Den Likör in Flaschen füllen.

Tipp: Butterbrottüten kommen ganz groß raus, wenn sie mit kleinen Taschenbügeln (gibt's in der Kurzwarenabteilung oder im Internet) verschlossen werden. Einfach die Flaschen hineinstellen, den oberen Rand umknicken und in dem Bügel einklemmen. Den letzten Schliff geben die Etiketten, die man mit Draht anbinden kann.

Karamell-Likör
VORLAGE S. 142/143

① ② ③

Davon muss man mal naschen.

Karamell-Likör-Kekse

süss

Für ca. 60 Kekse

ZUBEREITUNGSZEIT
40+60 min Kühlen

In einer Plätzchendose 3-4 Wochen haltbar

Für den Teig:

300 g weiche Butter

120 g Puderzucker

375 g Mehl

2-3 EL Karamell-Likör

(siehe S. 34, alternativ kann man auch Baileys verwenden)

Für den Zuckerguss:

50 g Puderzucker

1-2 EL Karamell-Likör

(siehe S. 34, alternativ kann man auch Baileys verwenden)

1 Keks enthält 70 kcal • 7 g KH • 1 g Ei • 4 g Fett

1. Für den Teig zunächst Butter mit dem Schneebesen aufschlagen, dann Puderzucker und Mehl dazusieben und mit dem Karamell-Likör zu einem glatten Teig verkneten. Diesen in Frischhaltefolie gewickelt 1 Stunde kühl stellen.

2. Währenddessen kann man aus einem vorhandenen Ausstecher mit einer Zange eigene Ausstechformen biegen, zum Beispiel ein schönes Ornament.

3. Ofen vorheizen (190 °C, Umluft 170 °C), den Teig zwischen Backpapier ausrollen und Plätzchen ausstechen. Diese 10-15 Minuten backen (je nach Dicke des Teiges).

4. Während die Kekse abkühlen, aus Puderzucker und Karamell-Likör einen zähflüssigen Zuckerguss anrühren, auf die Kekse streichen und trocknen lassen.

① ② ③ ④

Während der Teig 1 h kühlt, kann man Ausstecher umformen

süss

Dattel-Amarettini & Zimt-Sahne-Sterne

Nicht nur optisch ein Gedicht

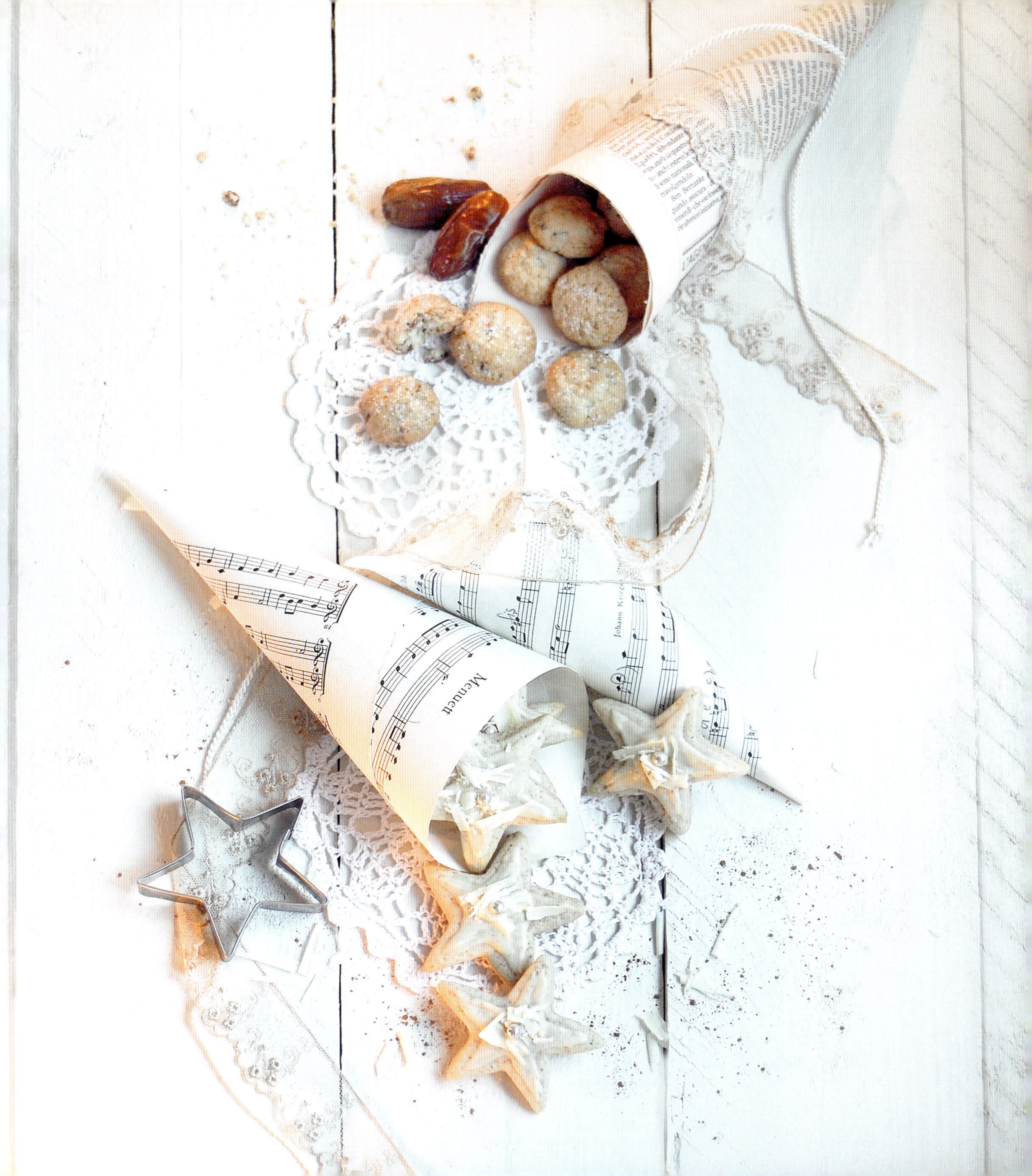
Menuett

Dattel-Amarettini

süss

Für ca. 60 Plätzchen

ZUBEREITUNGSZEIT 40 min

In einer Plätzchendose ca. 3-4 Wochen haltbar

50 g Datteln (getrocknet und entsteint)
1 Eiweiß
1 Prise Salz
50 g Zucker
50 g Puderzucker
1 EL Amaretto (Mandel-Likör)
50 g blanchierte, gemahlene Mandeln

1 Amarettini enthält 20 kcal • 2 g KH • 0 g Ei • 1 g Fett

1. Datteln im Blitzhacker zerkleinern.

2. Eiweiß mit Salz sehr steif schlagen. Zuerst den Zucker unterschlagen, dann den Puderzucker dazusieben und den Eischnee ca. 10 Minuten weiterschlagen.

3. Amaretto, Mandeln und gehackte Datteln unterrühren.

4. Den Teig mithilfe eines Spritzbeutels in haselnussgroße Tupfen auf einem mit Backpapier belegten Blech verteilen. Währenddessen den Ofen vorheizen (180 °C, Umluft 160 °C). Die Amarettini ca. 10-14 Minuten backen.

Tipp: Schöne Tüten lassen sich aus einem DIN-A4-großen Notenblatt oder Zeitungspapier formen, indem man die Seiten zur Mitte in übereinander einrollt. Die Ränder zusammenkleben und die Tüten nach Wunsch mit Bändern und Borten verzieren.

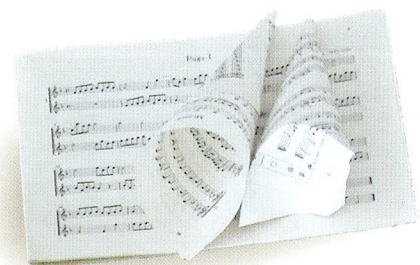

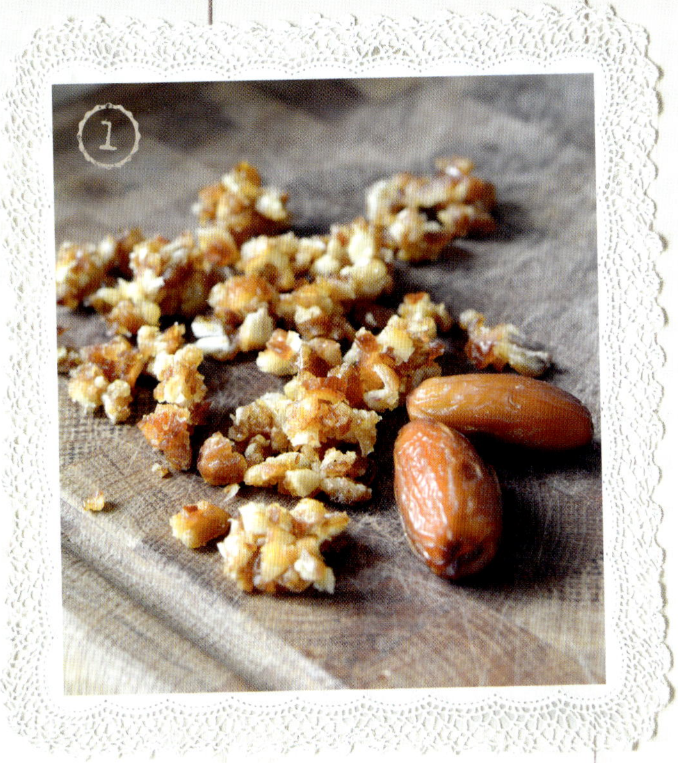
1

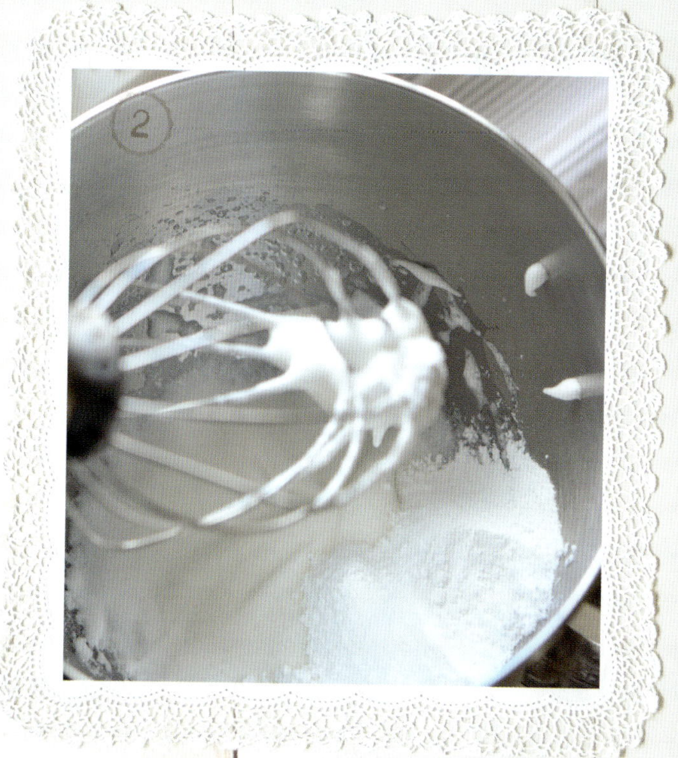
2

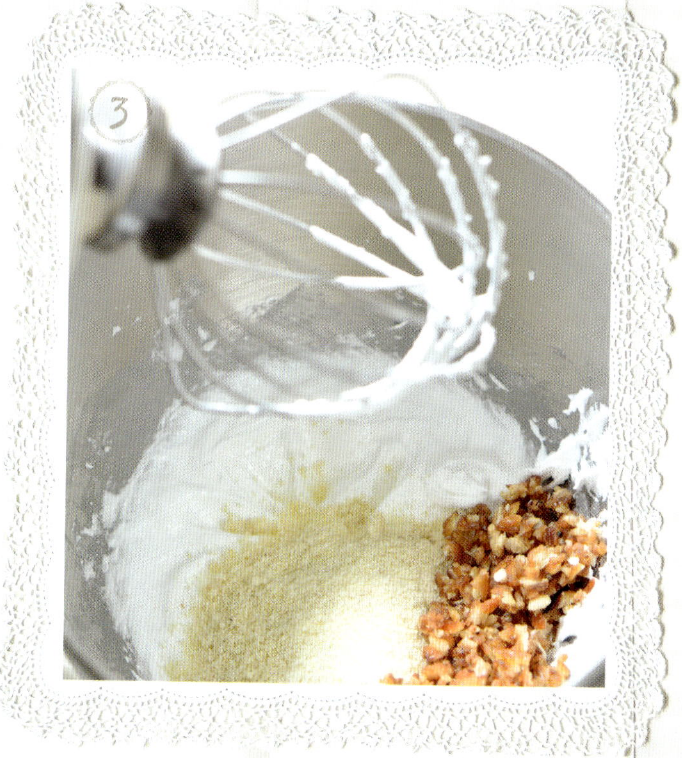
3

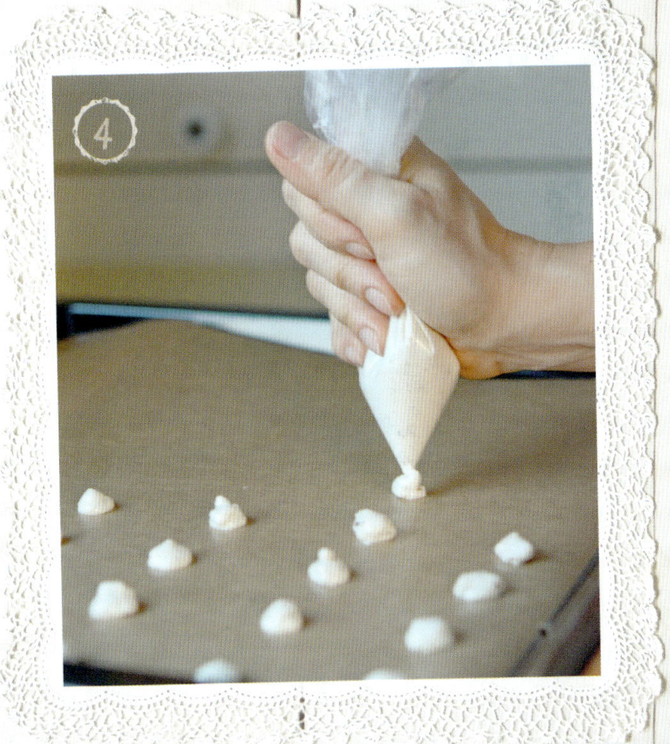
4

süss

Zimt-Sahne-Sterne

Für den Teig:
150 g weiche Butter • 100 g Zucker
1 Pck. Vanillezucker • 2 TL gemahlener Zimt
300 g Mehl • 1 TL Backpulver
50 g Sahne

Zum Verzieren:
100 g weiße Kuvertüre • 1 TL gemahlener Zimt
ca. 50 silberne Zuckerperlen

Für ca. 50 Plätzchen

ZUBEREITUNGSZEIT 50 min

In einer Plätzchendose ca. 3-4 Wochen haltbar

1 Plätzchen enthält 65 kcal • 8 g KH • 1 g Ei • 4 g Fett

1. Für den Teig zunächst Butter, Zucker, Vanillezucker und Zimt gut verschlagen. Dann Mehl und Backpulver dazusieben und mit der Sahne verkneten.

2. Ofen vorheizen (200 °C, Umluft 180 °C). Den Teig am besten unter einer Lage Frischhaltefolie ausrollen und Sterne ausstechen. Diese 8 Minuten backen.

3. Während die Sterne abkühlen, einige Späne von der Kuvertüre abraspeln. Die restliche Kuvertüre über einem heißen Wasserbad schmelzen lassen und den Zimt unterrühren.

4. Mit einem Löffel jeweils etwas Zimt-Kuvertüre in die Mitte der Sterne tropfen und vorsichtig zum Rand hin verstreichen. Leicht abkühlen lassen. Ein paar Schokoraspel daraufstreuen und je 1 silberne Zuckerperle in die Mitte setzen.

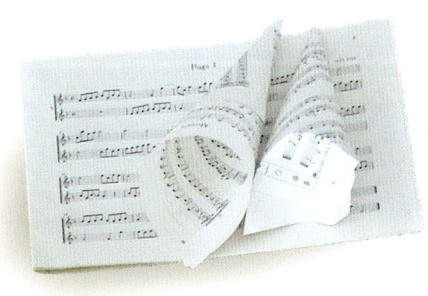

Tipp: Schöne Tüten lassen sich aus einem DIN-A4-großen Notenblatt oder Zeitungspapier formen, indem man die Seiten zur Mitte hin übereinander einrollt. Die Ränder zusammenkleben und die Tüten nach Wunsch mit Bändern und Borten verzieren.

Tipp: Beim Induktionsherd ist kein Wasserbad zum Erwärmen der Schokolade notwendig, diese einfach im Topf auf niedrigster Stufe schmelzen.

süss

Cake Pops
mit Lebkuchen-Flavor

Originelle Geschenkidee: Kuchen-Lollis in winterlicher Geschmacksrichtung

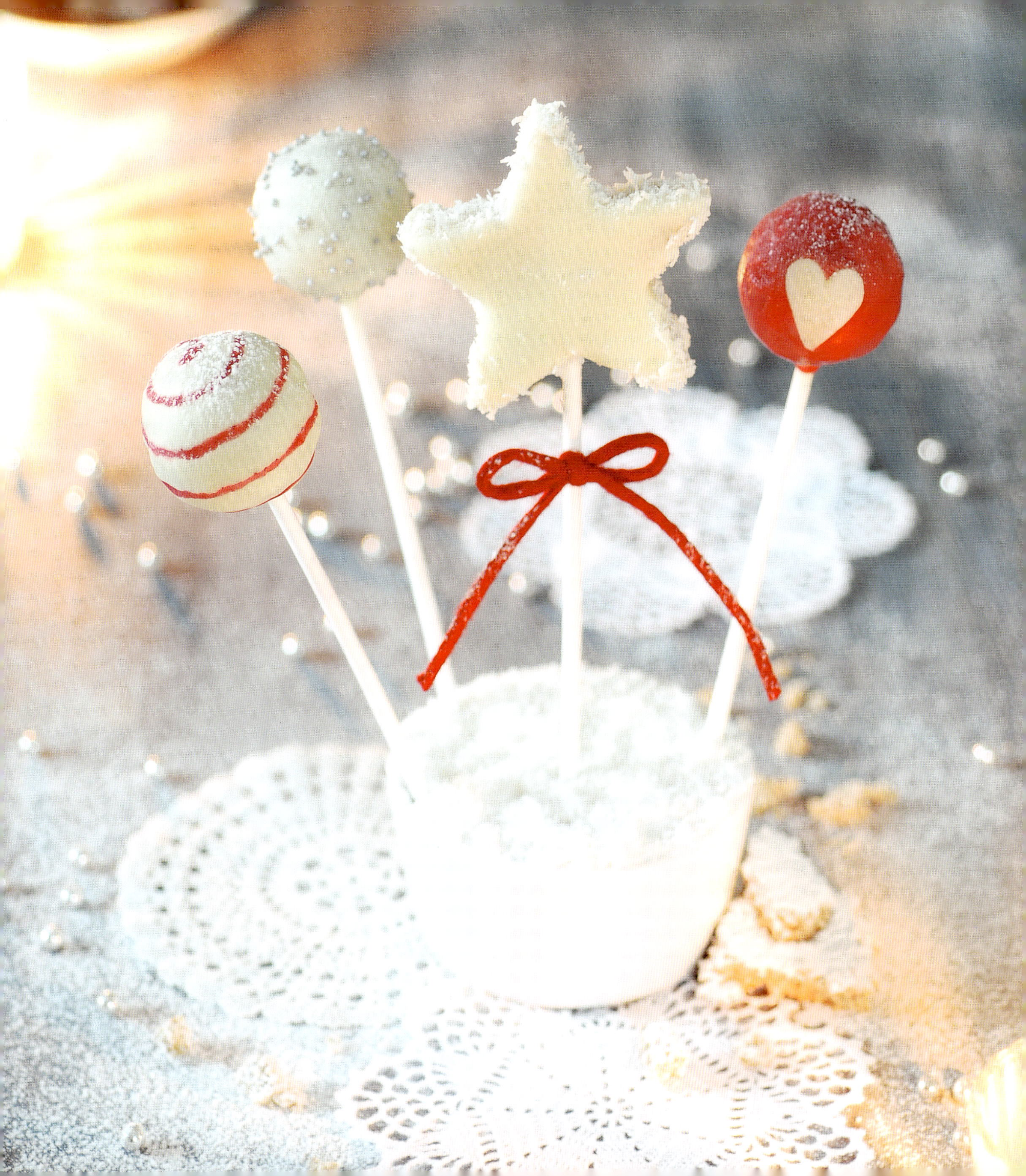

Cake Pops
mit Lebkuchen-Flavor

süss

Für ca. 45 Cake Pops

Im Kühlschrank ca. 1 Woche haltbar

Zubereitungszeit 80 min

Für den Teig:
200 g Mehl • 2 TL Backpulver
200 g Zucker • 200 g gemahlene Haselnusskerne
300 ml Milch • 2 TL Lebkuchengewürz

Außerdem:
280 g Frischkäse • ca. 400 g weiße Kuvertüre
ca. 45 Cake-Pop-Stiele • nach Belieben Zuckerperlen, Koksraspel,
Marzipanherzchen und rote Lebensmittelfarbe zum Verzieren

Anstatt den Teig selbst zu backen, kann man auch 400-500 g fertigen Biskuit oder Lebkuchen verwenden.

1 Cake Pop enthält 135 kcal • 13 g KH • 3 g Ei • 8 g Fett

1. Ofen vorheizen (220 °C, Umluft 200 °C). Zutaten für den Teig miteinander verrühren und auf ein mit Backpapier belegtes Blech streichen. 17-20 Minuten backen. Den fertigen Teig abkühlen lassen, zerbröseln und mit Frischkäse verkneten.

2. Aus dem Teig Kugeln formen oder Sterne ausstechen. Kuvertüre über einem heißen Wasserbad schmelzen. Mit den Cake-Pop-Stielen Löcher in die Kugeln/Sterne stechen, dann mit der Spitze in die geschmolzene Kuvertüre tauchen und in die Löcher stecken. Dadurch sind sie nach dem Erkalten der Kuvertüre gut fixiert.

3. Die Cake Pops in die Kuvertüre tauchen. Vorgang nach dem Trocknen eventuell wiederholen, bis die Kuvertüre-Schicht dick genug ist.

4. Bevor die Kuvertüre fest wird, Cake Pop mit Koksraspeln, Zuckerperlen oder Marzipanherzchen verzieren. Restliche Kuvertüre mit Lebensmittelfarbe einfärben und mit einem Holzspieß Ringe aufmalen.

Tipp: Cake Pops zum Trocknen in eine Styroporplatte stecken, am besten schräg, damit die Kuvertüre nicht am Stiel herunterläuft.

Tipp: Beim Induktionsherd ist kein Wasserbad zum Erwärmen der Schokolade notwendig, diese einfach im Topf auf niedrigster Stufe schmelzen.

süss

Tipp: Es gibt in Haushaltsläden handliche Folienschweißgeräte zu kaufen. Damit kann man aus Zellophan passende Tüten herstellen. Jeweils einen Cake Pop vorsichtig einstecken und Etikett von S. 142 anheften.

VORLAGE
S. 142/143

Auch in Naturfarben traumhaft schön.

Kreativ angerichtet: Ein sauber gebürsteter Ast, in den passende Löcher gebohrt werden.

süss

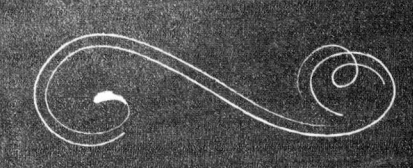

Traumpaar für perfekte Bratäpfel.

Amaretto-Kirschen
&
Bratapfelhonig

Bratäpfel mit Amaretto-Kirschen füllen und mit 2 TL Bratapfelhonig beträufeln, dann 30–40 Minuten backen (180 °C, Umluft 160 °C).

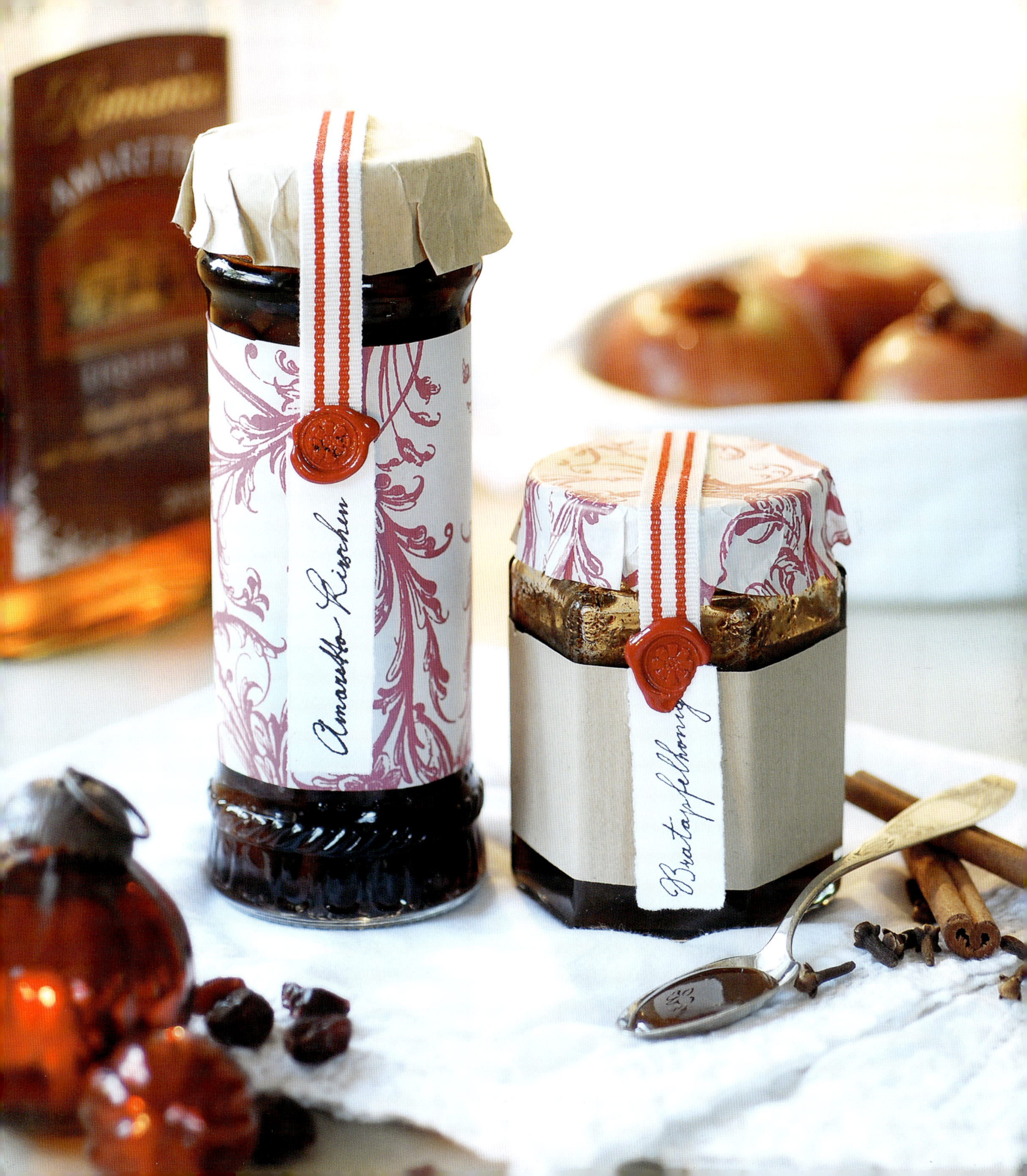
Amaretto Kirschen
Bratapfelhonig

Amaretto-Kirschen

süss

150 g getrocknete Kirschen
200–250 ml Amaretto (Mandel-Likör)

100 g enthalten 213 kcal • 35 g KH • 2,5 g Ei • 0 g Fett

Für 1 Glas mit ca. 10 Portionen

ZUBEREITUNGSZEIT 2 min + 2 Wochen Ziehen

Mit Flüssigkeit bedeckt gut 1 Jahr haltbar

1. Kirschen in ein ausgekochtes Glas geben. Mit so viel Likör übergießen, dass alle Kirschen bedeckt sind. Gläser verschließen und mindestens 2 Wochen ziehen lassen.

Bratapfelhonig

1 Vanilleschote
2 TL gemahlener Zimt
1 TL gemahlene Gewürznelken
200 g flüssiger Honig

Für 1 Glas mit ca. 10 Portionen

ZUBEREITUNGSZEIT 5 min

Ca. 2–3 Monate haltbar

100 g enthalten 300 kcal • 75 g KH • 0 g Ei • 0 g Fett

2. Vanilleschote längs aufschneiden, Mark herausschaben und mit Zimt und Nelken unter den Honig rühren. Den Honig in ein schönes Glas füllen.

Tipp: Mit Siegellack verziert, sehen die Gläser besonders fein aus. Dazu den Siegellack zerbrechen, kleine Stücke in einem alten Löffel über einer Flamme verflüssigen. Auf die gewünschte Stelle tropfen und mit einem Siegel festdrücken.

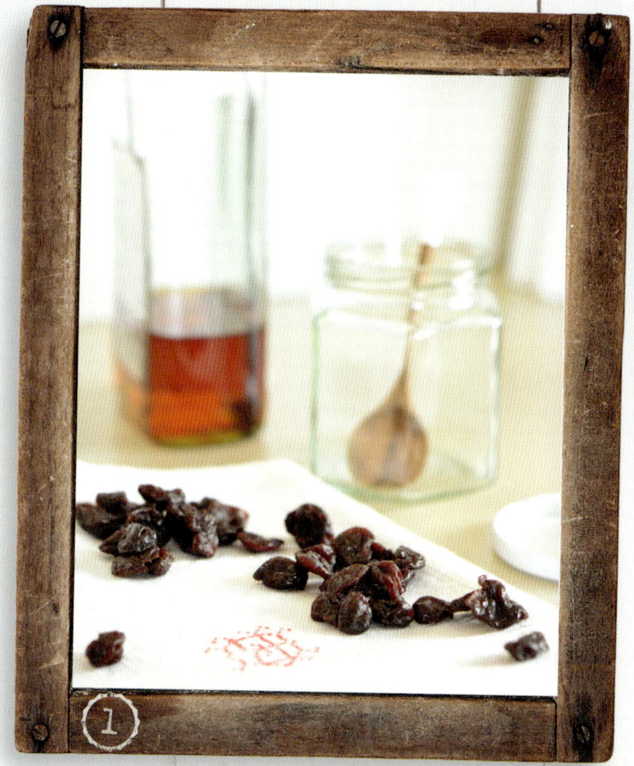
1

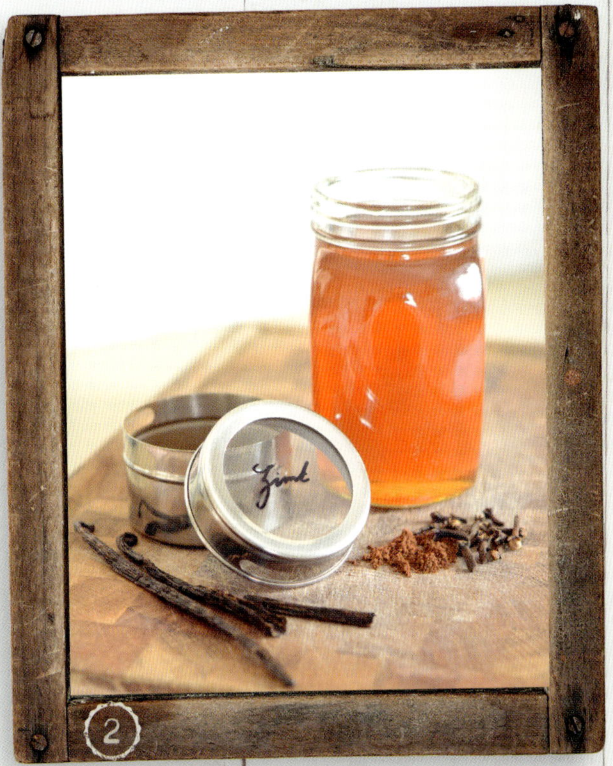
2
Zimt

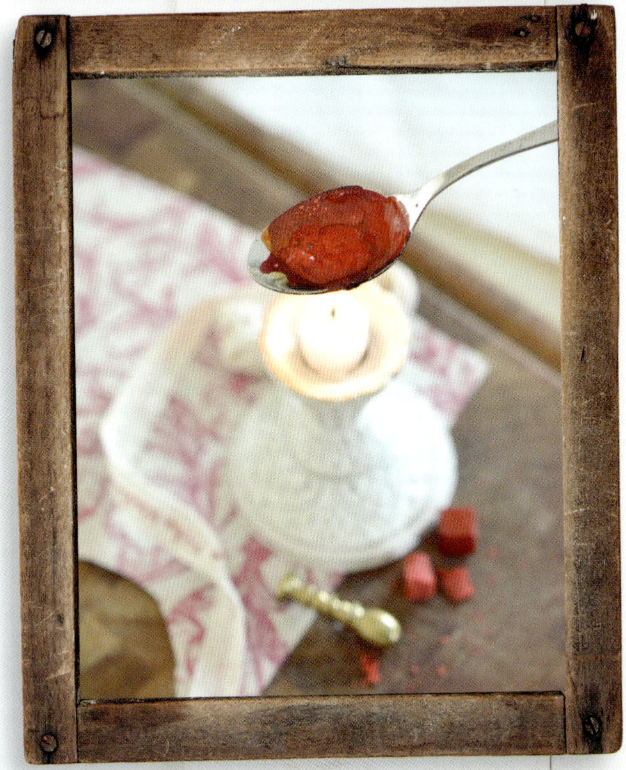

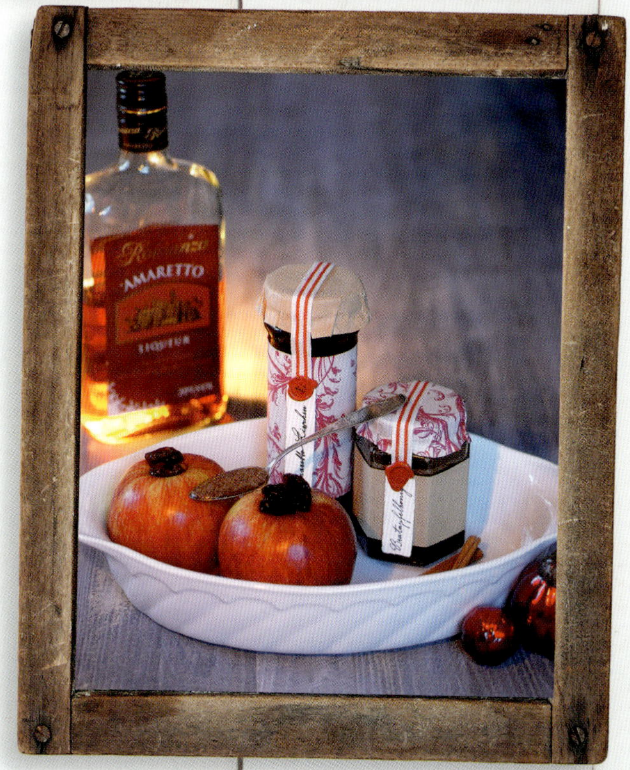
AMARETTO

süss

Glühweingewürz
— & —
Zucker-Sterne

Sternstunden für Glühwein-Liebhaber

Mit feiner Ingwer-Note

SÜSS

Glühweingewürz

2 Bio-Orangen
1 kleine Ingwerknolle
2 Stangen Zimt
10 g Gewürznelken

Ergibt 10 Teebeutel

ZUBEREITUNGSZEIT 40 min + 3 Stunden Trocknen

Trocken gelagert ca. 2-3 Monate haltbar

1 Teebeutel enthält 0 kcal • 0 g KH • 0 g Ei • 0 g Fett

1. Orangen heiß waschen, trocken tupfen und von der kompletten Schale kleine Späne abreiben. Ingwer schälen und sehr klein schneiden (ca. 10 g).

2. Beides auf Küchenpapier über Nacht trocknen lassen. Zimtstangen zerbröseln und mit den Nelken zu den getrockneten Zutaten geben.

3. Für die Stern-Teebeutel die Vorlage mit Schneiderkreide auf doppelt gelegtes Teefilterpapier übertragen und auf der Linie die beiden Lagen zusammennähen. Dabei näht man an einer Zacke eine Kordel mit ein und lässt an einer Seite zunächst eine Öffnung zum Befüllen der Teemischung. Den Stern parallel zur Naht ausschneiden. Die Teemischung wird mithilfe eines rechteckigen Papiers, das man zu einem Filter rollt, in den Stern gefüllt. Nun näht man die Öffnung zu. Zum Schluss werden an die Kordelenden die kleinen Etiketten getackert.

Tipp: Einen Stern-Teebeutel gemeinsam mit einer Tasse oder einer kleinen Flasche Wein verschenken.

Glühwein GEWÜRZMISCHUNG selbstgemacht

VORLAGE S. 142/143

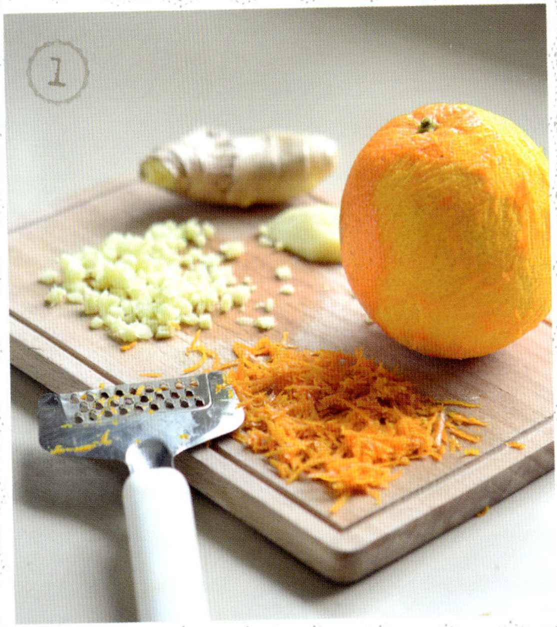
1

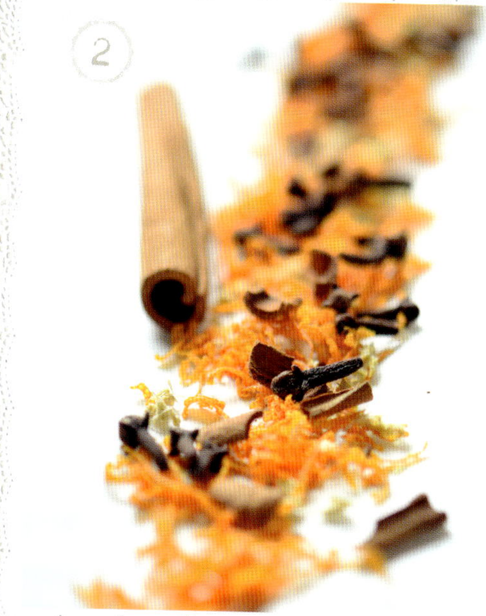
2

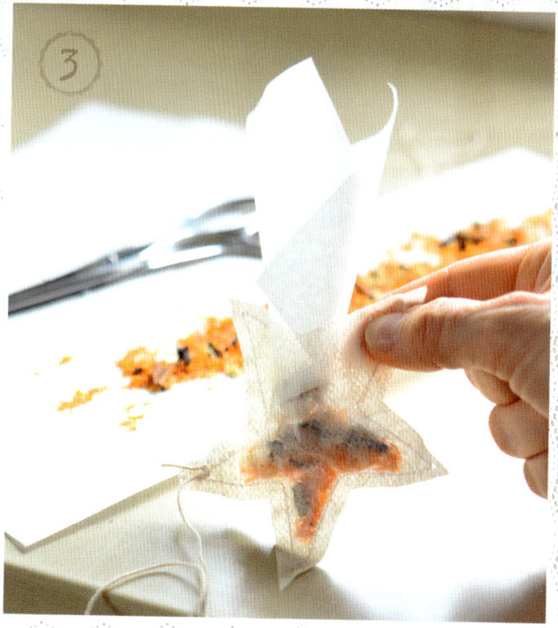
3

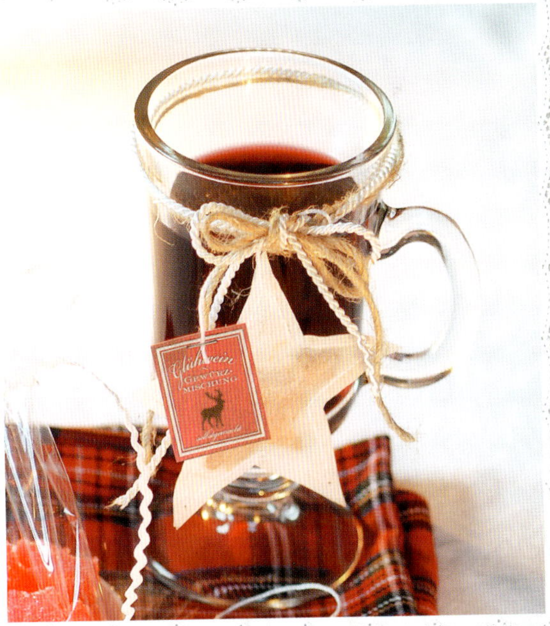
Glühwein
Gewürz-
Mischung

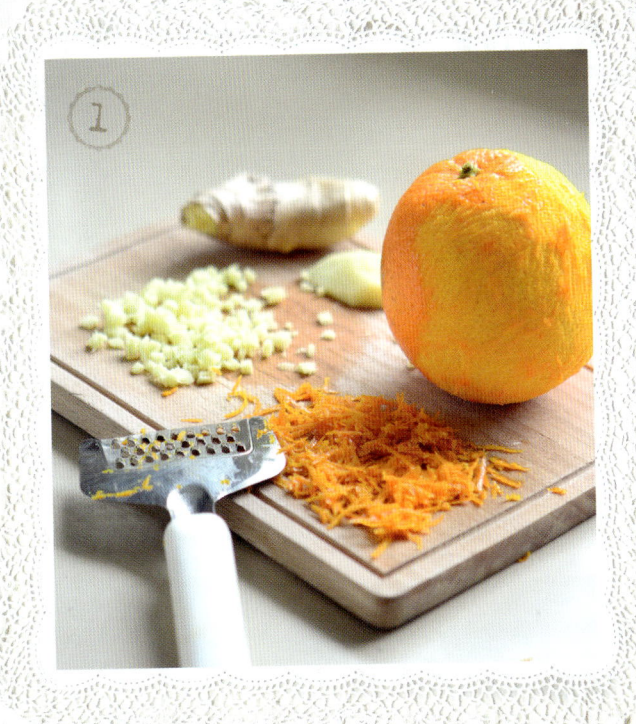

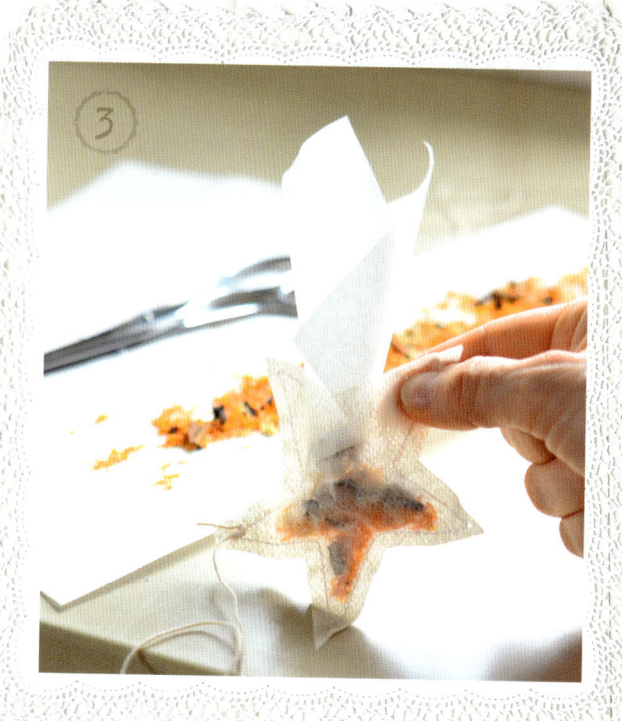

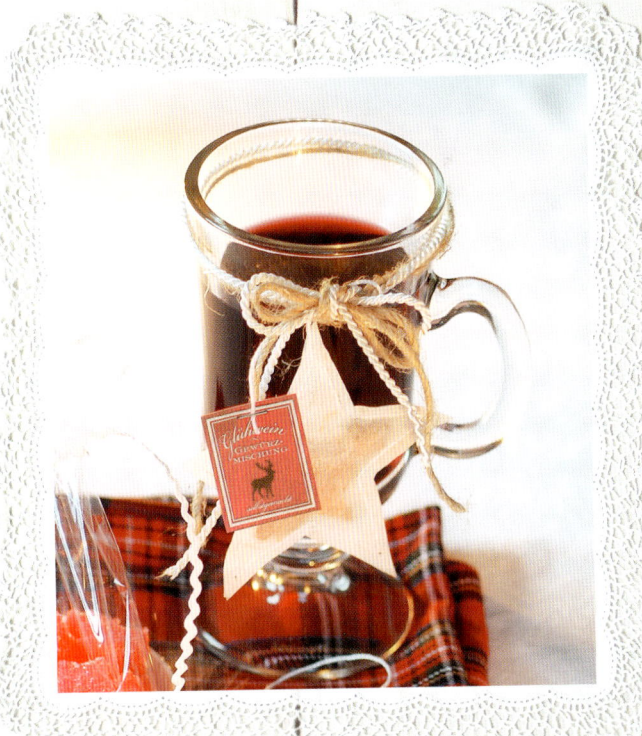

süss

Zucker-Sterne

Ergibt ca. 40 Zuckerwürfel

ZUBEREITUNGSZEIT 15 min + 3 Stunden Trocknen

150 g feiner Zucker
1 EL Wasser
ein paar Tropfen rote Lebensmittelfarbe

1 Zuckerwürfel enthält 15 kcal • 3,7 g KH • 0 g Ei • 0 g Fett

Trocken gelagert ca. 1-2 Jahre haltbar

1. Zucker mit 1 EL Wasser verrühren.
2. Rote Lebensmittelfarbe nach Belieben unterrühren.
3. Feuchte Zuckermasse auf einer Unterlage glatt drücken (ca. 1 cm hoch) und Sterne ausstechen. Die Masse immer wieder zusammenschieben, glatt drücken und neue Sterne ausstechen.
4. Die Sterne 3 Stunden trocknen.

Tipp: Zum Ausstechen der Sterne eignen sich am besten Mini-Ausstecher mit Auswerfer (gibt's in der Haushaltswarenabteilung). Sie eignen sich auch zum Ausstechen von Melone, Gurke, Apfel etc.

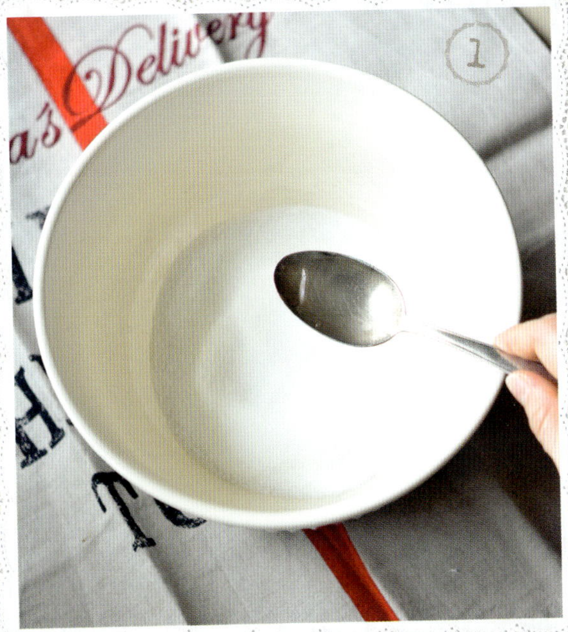
1
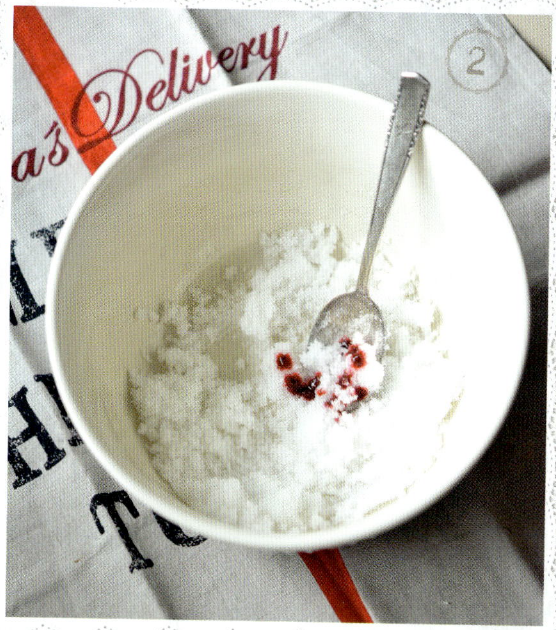
2
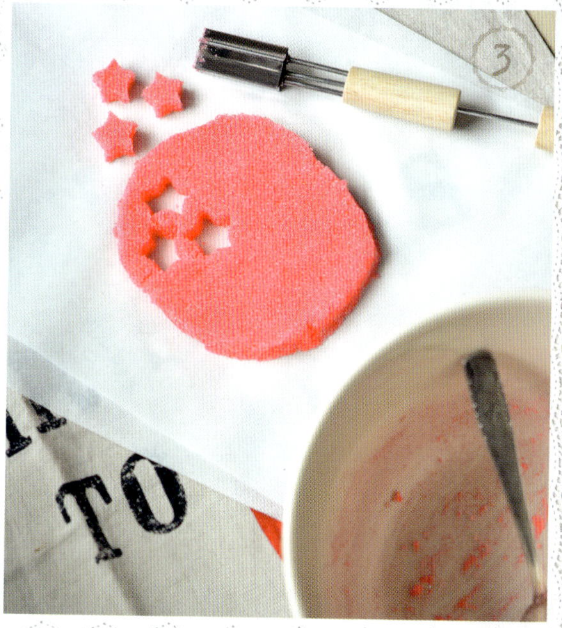
3
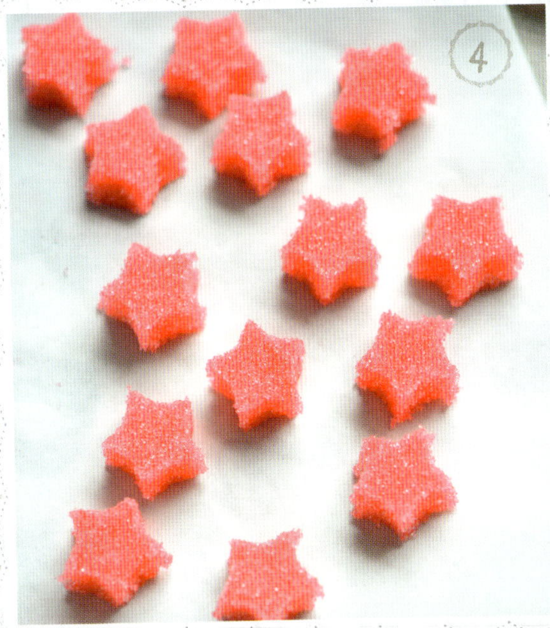
4

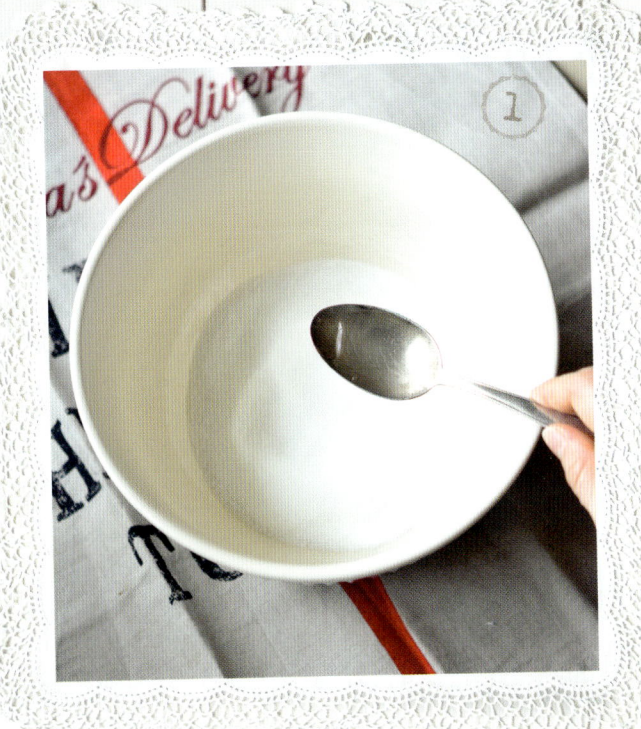

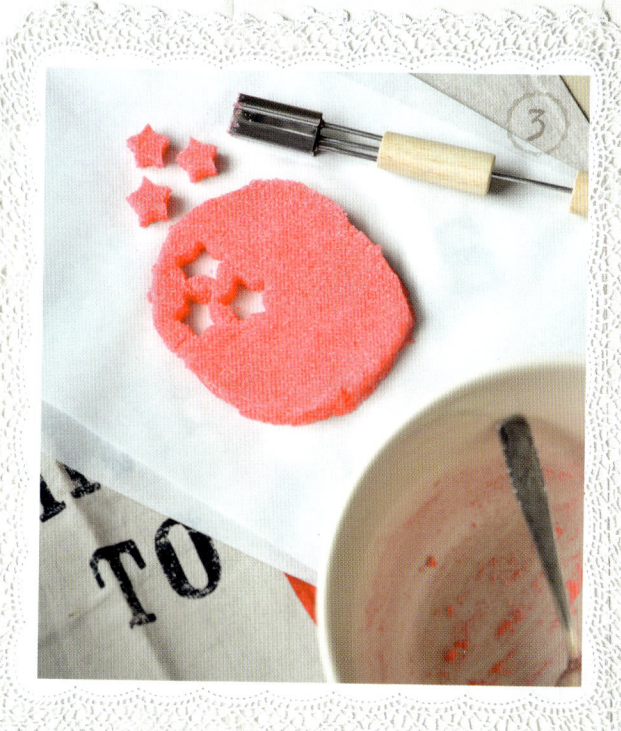

SÜSS

Knuspermüsli
MIT MANGO & KROKANT

Für gute Laune am Morgen!

Mit delikatem Haselnussöl – ein Gedicht

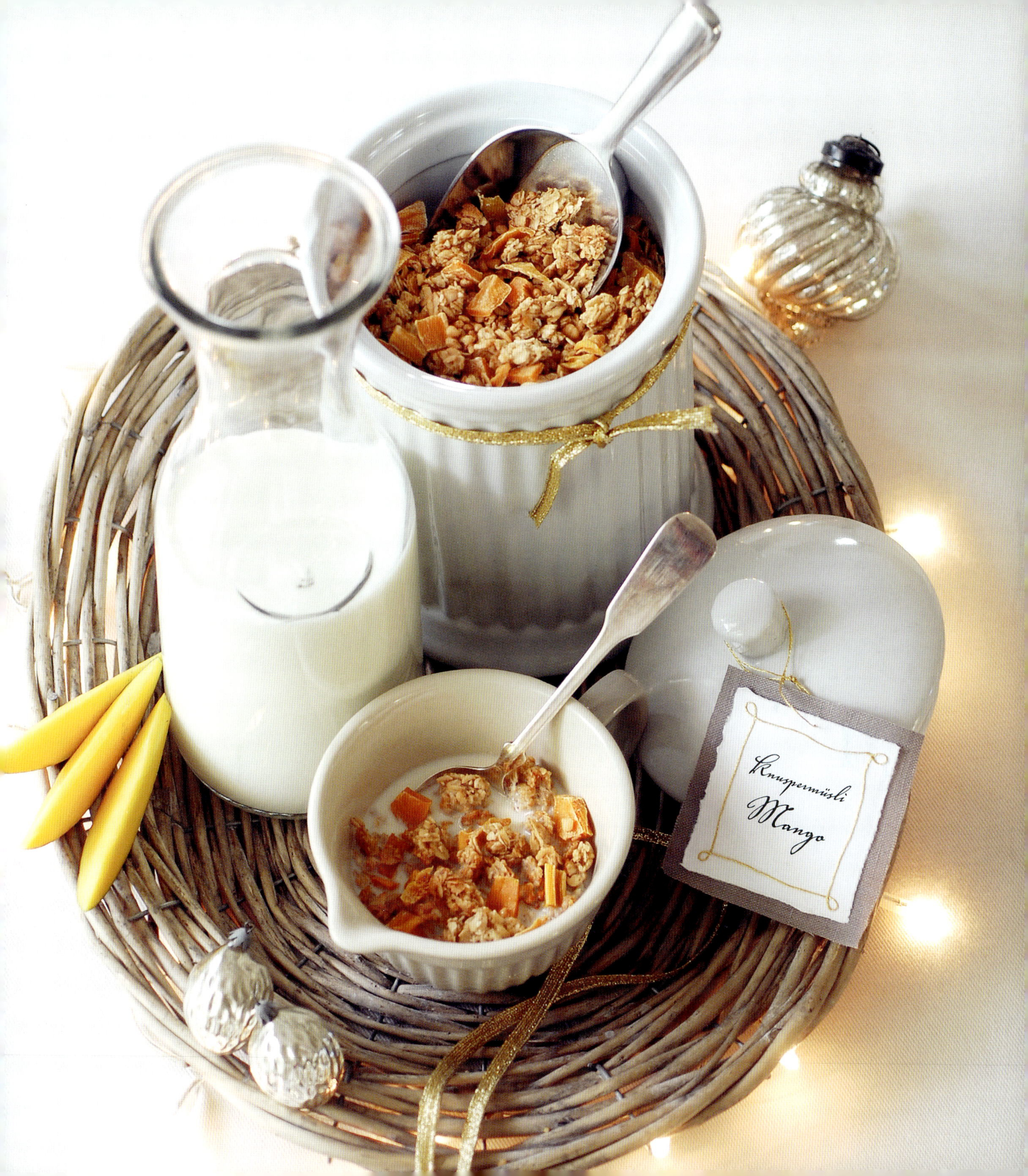
Knuspermüsli
Mango

süss

Knuspermüsli
mit Mango & Krokant

Für 1-2 Dosen (600 ml)
ZUBEREITUNGSZEIT 25 min

Luftdicht verpackt ca. 3 Monate haltbar

500 g kernige Haferflocken
100 g Honig
100 g Haselnussöl
200 g getrocknete Mangos
100 g Krokant

100 g enthalten 190 kcal • 23,3 g KH • 38 g Ei • 88,9 g Fett

1. Ofen vorheizen (200 °C, Umluft 180 °C). Haferflocken mit Honig und Öl verrühren.

2. Die Mischung auf einem mit Backpapier belegten Blech verteilen und 15 Minuten knusprig backen. Abkühlen lassen.

3. Währenddessen Mangostücke klein schneiden.

4. Die abgekühlten Haferflocken mit Mango und Krokant verrühren und alles in eine schöne Dose füllen.

Tipp: Für das Etikett dient als Untergrund ein mit Stoff beklebtes Tonpapier (8 x 8 cm). Klebe darauf ein zurecht gerissenes schönes Papier und verziere die Ränder mit einem Goldband, das zuvor mit Klebstoff bestrichen wurde. Oder drucke einfach die Vorlage aus.

Knuspermüsli Mango

VORLAGE S. 142/143

1

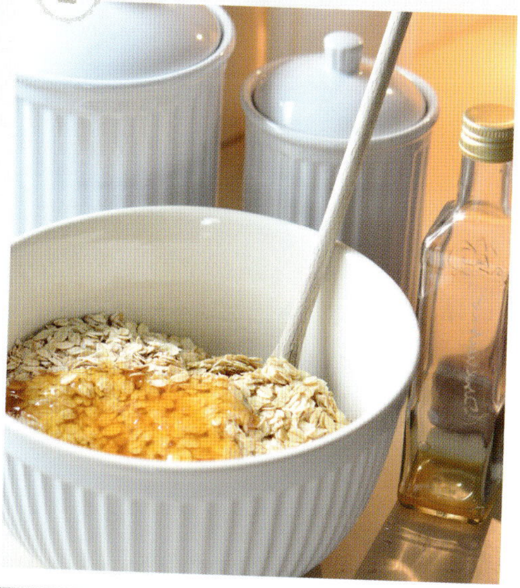

2

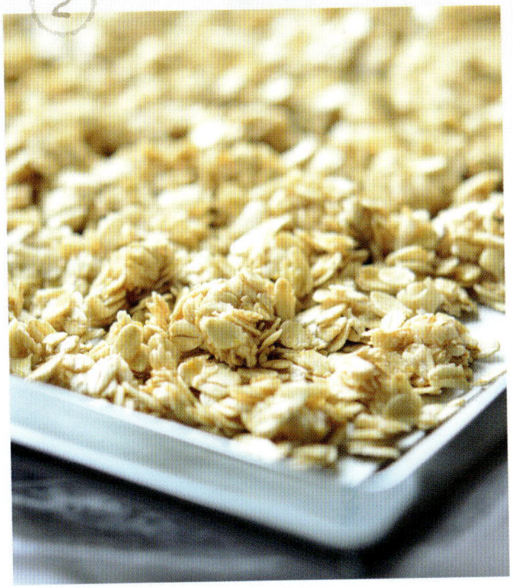

3

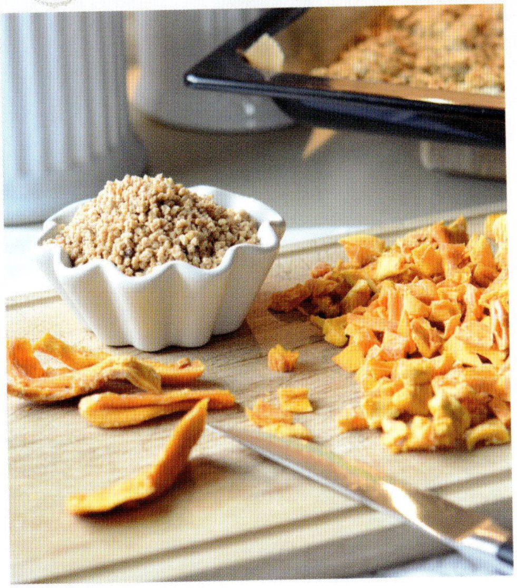

4

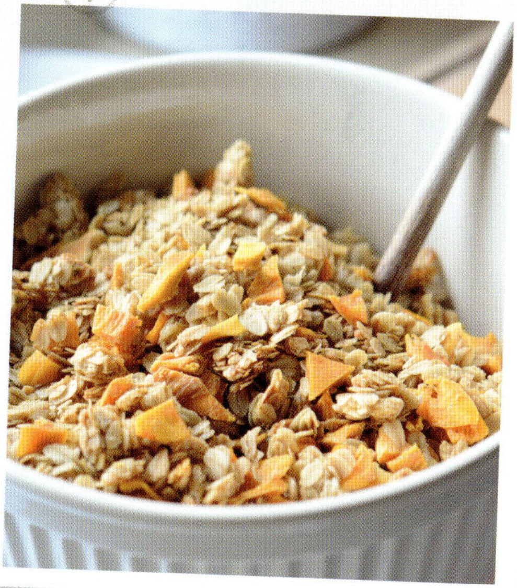

süss

Orangen-Anis-Marmelade
&
Pinien-Mus

Das Pinien-Mus kann wie Erdnussbutter verwendet werden. Muss man mal probiert haben. Ich liebe es!

Orangen-Anis Marmelade

Pinien-Mus

Mit feinem Anis-Aroma

süss

Orangen-Anis-Marmelade

Ergibt 4 Gläser (300 ml)

Zubereitungszeit 35 min

Ungeöffnet 1 Jahr haltbar

4-6 Orangen (1 davon Bio)
750 g Gelierzucker (1:1)
4 Sternanise

100 g enthalten 275 kcal • 63,3 g KH • 0,4 g Ei • 0,4 g Fett

1. Bio-Orange heiß waschen, trocken tupfen und von der kompletten Schale kleine Späne abreiben.

2. Alle Orangen nach und nach filetieren, dazu die Schale abschneiden und immer zwischen zwei Häutchen das Fruchtfleisch herausschneiden. Jeweils den restlichen Saft einer Orange herausdrücken und zu den Orangenfilets dazugeben. So lange wiederholen, bis 500 g abgewogen sind.

3. Die Fruchtmischung pürieren und mit Gelierzucker und Sternanis 3 Minuten leicht sprudelnd kochen.

4. Am Ende der Kochzeit die Orangenschalen zugeben. Marmelade sofort in heiß ausgespülte Gläser füllen und diese verschließen.

Tipp: Die Marmelade harmoniert als Aufstrich perfekt mit dem Pinien-Mus (siehe S. 68/69).

① ②

③ ④

süss

Lieblings-rezept

Pinien-Mus

Ergibt 1 Glas (200 ml)

ZUBEREITUNGSZEIT 15 min

120 g Pinienkerne
50 g zimmerwarmes Kokosfett
40 g Rohrohrzucker

100 g enthalten 675 kcal • 30,4 g KH • 7,4 g Ei • 58,1 g Fett

Kühl gelagert ca. 1 Monat haltbar

1. Ofen vorheizen (200 °C, Umluft 180 °C). Pinienkerne ca. 5 Minuten rösten. Etwas abkühlen lassen.
2. Die gerösteten Pininekerne im Blitzhacker fein mahlen.
3. Kokosfett in kleinen Stücken und Zucker dazugeben. Alles zu einer homogenen Masse mixen und in ein Glas füllen.

Tipp: Das Pinien-Mus ist ein herrlicher Brotaufstrich und passt perfekt unter die Orangen-Anis-Marmelade (siehe S. 66/67). Man kann es auch auf Pancakes streichen oder Soßen und Asia-Gerichte damit verfeinern.

① ② ③

Pinien-Mus

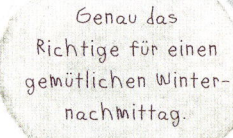

süss

Weihnachtliches Schokoladenfondue
mit Muskat und Zimt

Genau das Richtige für einen gemütlichen Winternachmittag.

Am besten direkt in einem kleinen Kochtopf verschenken.

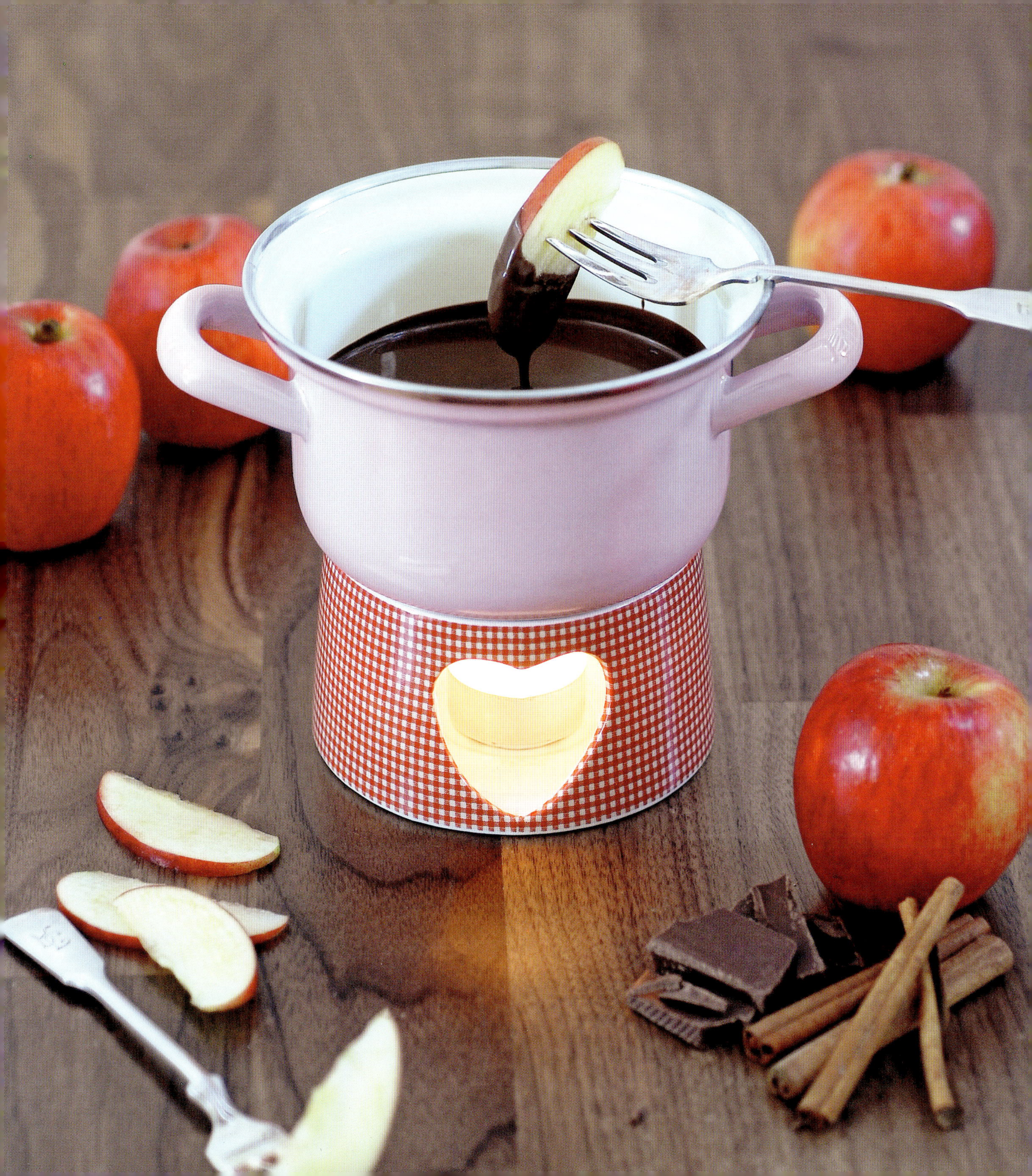

süss

Weihnachtliches Schokoladenfondue
mit Muskat und Zimt

ZUBEREITUNGSZEIT 15 min

Trocken aufbewahrt ca. 4 Wochen haltbar

2 Msp. frisch geriebener Muskat
400 g Vollmilch-Kuvertüre
4 TL gemahlener Zimt

100 g enthalten 563 kcal • 54 g KH • 7,5 g Ei • 34,5 g Fett

1. Muskatnuss reiben.

2. Die Kuvertüre über einem heißen Wasserbad langsam schmelzen. Muskat und Zimt unterrühren.

3. Damit sich bei der Schokolade keine weißen Ränder bilden, ist das richtige Temperieren wichtig: Zunächst die Kuvertüre auf 40 °C aufwärmen, dann über einem kalten Wasserbad auf 28 °C abkühlen lassen, anschließend nochmals auf 30 °C erwärmen. Nun kann sie komplett abkühlen und bleibt schön ansehnlich.

Tipp: Beim Induktionsherd ist kein Wasserbad zum Erwärmen der Schokolade notwendig, diese einfach im Topf auf niedrigster Stufe schmelzen.

① ② ③

Wer kein Schokoladenthermometer zu Hause hat, kann auch ein Bratenthermometer verwenden.

Im schönen Topf am besten gleich mit einigen roten Äpfeln verschenken.

süss

Weißer Nougat
MIT CRANBERRYS UND NÜSSEN

— & —

Mandelnougat

Da freut sich die ganze Familie! Die fruchtig herben Cranberrys harmonieren perfekt mit der Süße des weißen Nougats.

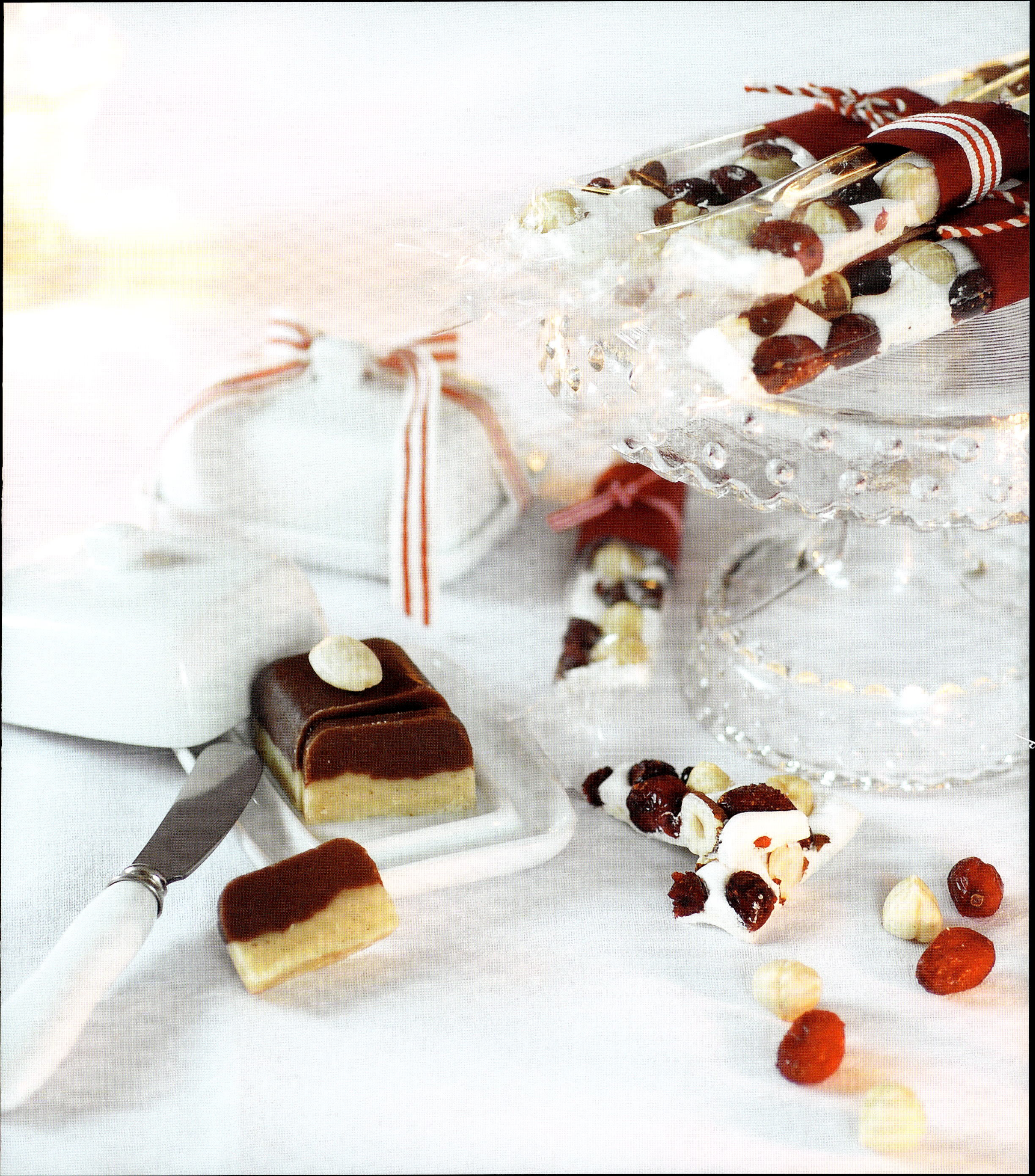

Weißer Nougat
mit Cranberrys und Nüssen

süss

Für 22 Stangen

ZUBEREITUNGSZEIT 25 min + 8 Stunden Trocknen

Trocken gelagert 3-4 Monate haltbar

125 g Haselnusskerne (alternativ auch Macadamianüsse)
100 g Honig • 300 g Zucker
2 EL Wasser
2 Eiweiß
150 g getrocknete Cranberrys

1 Stange enthält 100 kcal • 18 g KH • 1,1 g Ei • 2,7 g Fett

1. Ofen vorheizen (180 °C, Umluft 160 °C). Nüsse 10-15 Minuten rösten. Kurz abkühlen lassen und die Häutchen abreiben. Das gelingt am besten bei frischen Haselnüssen, ansonsten kann man auch Macadamianüsse verwenden.

2. Inzwischen Honig, Zucker und Wasser unter Rühren erwärmen, 30 Sekunden köcheln, dann etwas abkühlen lassen.

3. Währenddessen Eiweiße sehr steif schlagen (ca. 3 Minuten). Zuckergemisch unter ständigem Schlagen zum Eischnee geben.

4. Masse mit einem Teigschaber auf ein mit Backpapier belegtes Blech streichen. Nüsse und Cranberrys in die Masse hineindrücken. Nun folgt eine lange Trocknungszeit: Zunächst die Masse im Ofen (75 °C, Umluft 55 °C) 5-6 Stunden trocknen lassen. Dann im Kühlschrank 1 Stunde abkühlen lassen, damit das Backpapier besser gelöst werden kann. Nun die Platte wenden, Backpapier abziehen und weitere 1-2 Stunden im Ofen (75 °C, Umluft 55 °C) trocknen lassen. Nach dem Abkühlen in Stangen schneiden.

Tipp: Sieht toll in Zellophanpapier eingewickelt aus. Rot-weiße Bänder greifen schön die Farben der verführerischen Süßigkeit auf.

77

Mandelnougat

süss

Für 12 Förmchen (40 ml)

ZUBEREITUNGSZEIT 15 min + 3 Stunden Kühlen

Im Kühlschrank gelagert 2-3 Wochen haltbar

100 g Sahne
80 g Zucker
1 Pck. Vanillezucker
50 g Butter
70 g blanchierte, gemahlene Mandeln
100 g Vollmilch-Kuvertüre
100 g weiße Kuvertüre
12 blanchierte Mandeln

100 g enthalten 538 kcal • 45 g KH • 7,5 g Ei • 37,5 g Fett

1. Sahne, Zucker und Vanillezucker 1 Minute köcheln. Dann bei geringer Wärmezufuhr Butter darin schmelzen. Nun die Mandeln unterrühren.

2. Die Masse auf zwei Töpfe gleichmäßig aufteilen und bei geringer Wärmezufuhr jeweils die helle und die dunkle klein gehackte Kuvertüre darin schmelzen.

3. Zunächst die jeweiligen Formen zur Hälfte mit der dunklen Masse füllen. Nun mit der hellen Masse auffüllen.

4. Nougat für 3 Stunden kühl stellen. Aus den Formen lösen und jeweils eine Mandel aufdrücken.

Tipp: Als Förmchen eignen sich auch hervorragend kleine Joghurtbecher. Deren Ecken kann man gut aufschneiden, um den Block heil herauszubekommen. Aber auch Eiswürfel-, Pralinen- oder Muffin-Formen aus Silikon eignen sich gut.

1

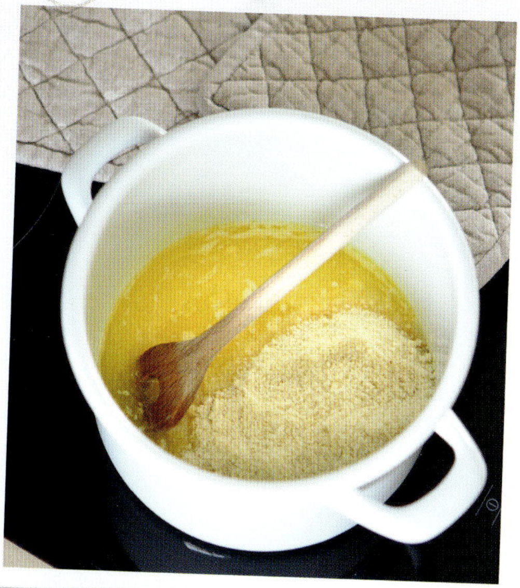

2

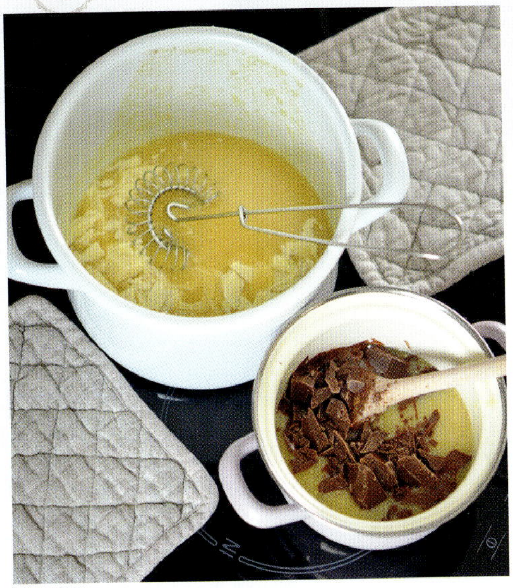

3

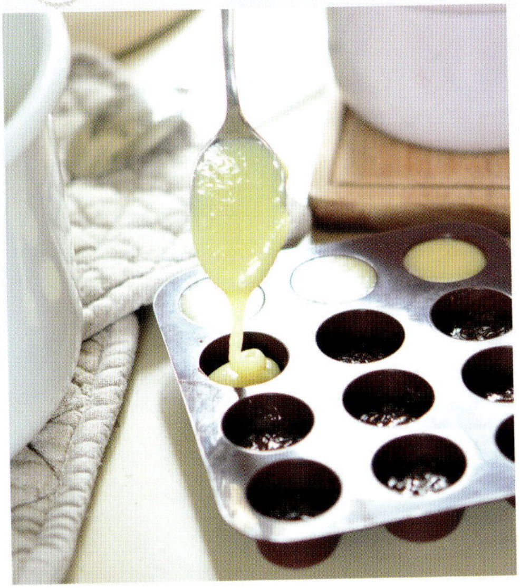

4

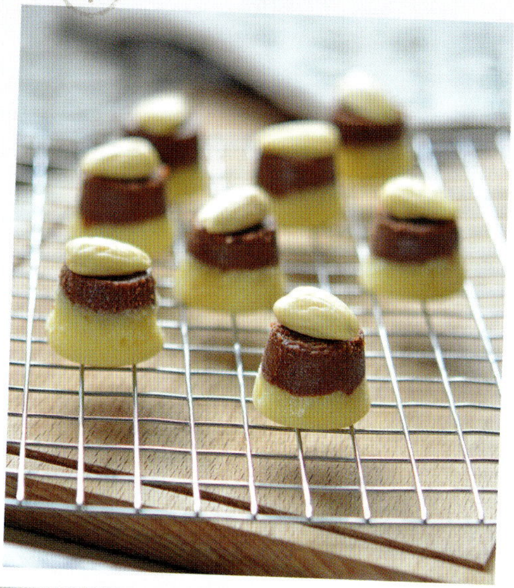

süss

Ingwer-Mandeln
— & —
Spekulatius-Schokolade

Das Geheimnis selbst gemachter Schokolade: rühren, rühren, rühren! Beim Zufügen von Zutaten kann man seiner Kreativität freien Lauf lassen.

Der Hit unter den Mitbringseln!

Schnell gemacht

Ingwer Mandeln

Vollmilch Spekulatius

Ingwer-Mandeln

süss

Für 2 kleine Tüten

ZUBEREITUNGSZEIT **10** min

1 kleine Ingwerknolle
200 g Mandelkerne
20 ml Wasser
100 g Zucker

Kühl und trocken gelagert 2–4 Wochen haltbar

100 g enthalten 533 kcal • 40 g KH • 13 g Ei • 37 g Fett

1. Ingwer schälen und auf einer Ingwer-Reibe fein reiben (ca. 20 g).

2. Den geriebenen Ingwer mit den anderen Zutaten aufkochen.

3. So lange unter Rühren auf mittlerer Stufe kochen, bis das Wasser verdunstet ist und der Zucker Fäden zieht (nach ca. 4 Minuten).

4. Dann den Topf vom Herd nehmen und weiterrühren, bis sich eine helle Schicht um die Mandeln bildet (nach ca. 1 Minute). Vor dem Verpacken auf einem mit Backpapier belegten Blech abkühlen lassen.

Tipp: In einer Zellophantüte kommen die gebrannten Mandeln besonders gut zur Geltung. Zum vorgefertigten Etikett passt am besten ein Spitzenbändchen zum Zuschnüren. Ein besonderes Extra sind weiße Glöckchen, die Weihnachtsmarkt-Atmosphäre vermitteln.

Ingwer Mandeln

VORLAGE S. 142/143

① ② ③ ④

Spekulatius-Schokolade

süss

Für 4 kleine Tafeln

ZUBEREITUNGSZEIT 15 min + 2 Stunden Kühlen

Kühl und trocken gelagert 2-3 Monate haltbar

100 g Kokosfett
1 Pck. Vanillezucker
100 g Puderzucker
50 g Kakaopulver
50 g Spekulatius-Kekse

100 g enthalten 586 kcal • 49,8 g KH • 4,3 g Ei • 39,9 g Fett

1. Kokosfett bei kleinster Wärmezufuhr schmelzen.

2. Vanillezucker unterrühren. Nach und nach zunächst Puderzucker dann Kakaopulver hineinsieben und unterrühren.

3. 10 Minuten auf kleinster Hitze weiterrühren.

4. Die Masse in eine mit Backpapier ausgelegte Kastenform geben und die Spekulatius-Kekse darauf in kleinen Stückchen verteilen. Im Kühlschrank ca. 2 Stunden abkühlen lassen. Nun die Schokolade in 4 Stücke schneiden.

Tipp: Die Schokoladenstücke in Zellophanpapier einpacken und mit Spitze und Etikett verzieren. Eine kleine Schleife aus Kordel setzt einen liebevollen Akzent.

Vollmilch Spekulatius

VORLAGE S. 142/143

85

süss

Butterkaramell-Bonbons

Ein Klassiker! Zartschmelzend, ohne Kleben, leicht kristallisiert – ein Genuss!

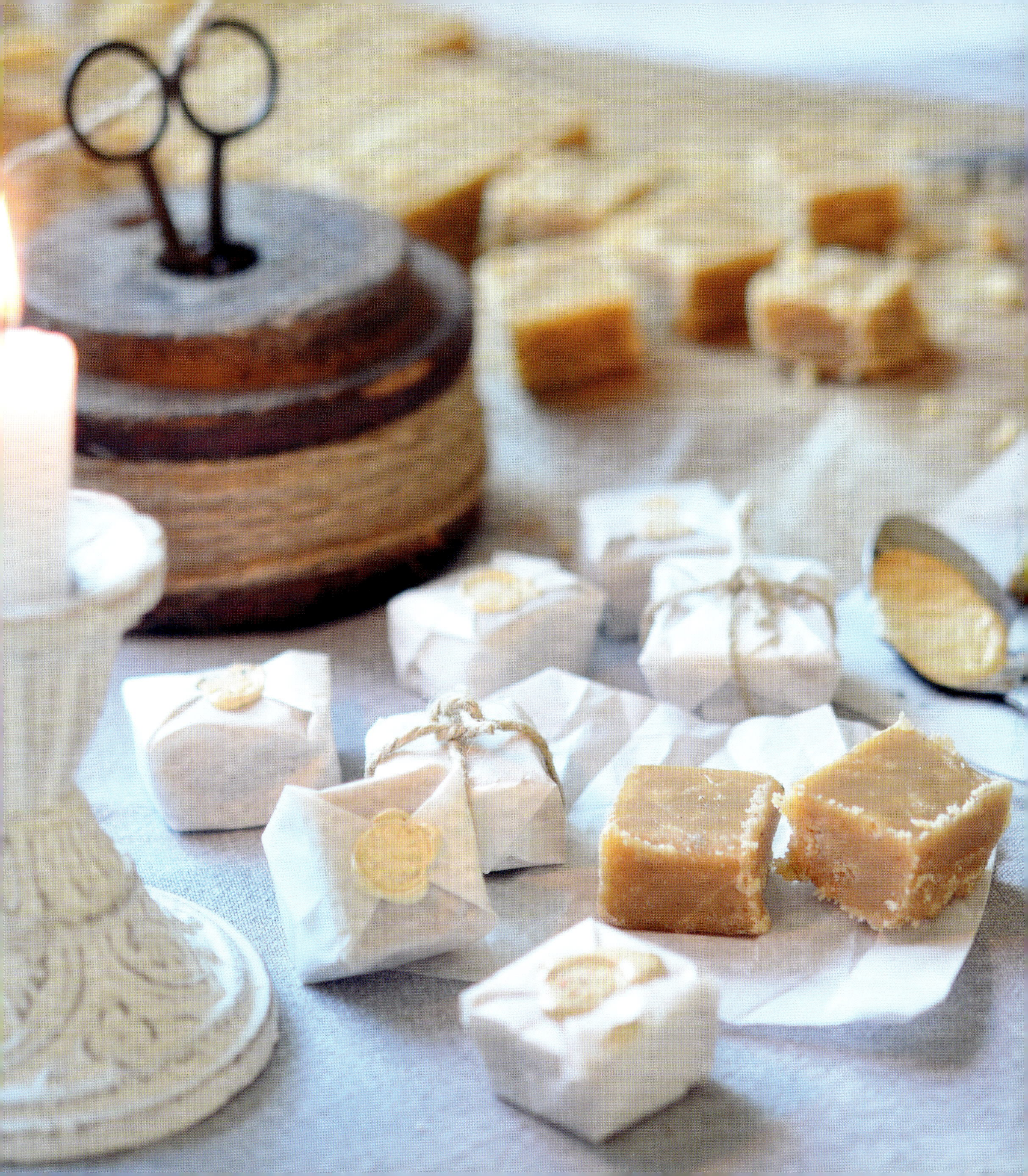

Butterkaramell-Bonbons

süss

Für 40 Bonbons

ZUBEREITUNGSZEIT
40 min
+ 2 Stunden
Abkühlen

Kühl und trocken gelagert 2-3 Monate haltbar

100 g Butter
2 Vanilleschoten
400 g brauner Zucker
100 g Sahne

1 Bonbon enthält 66 kcal • 9,8 g KH • 0,1 g Ei • 2,8 g Fett

1. Butter schmelzen. Währenddessen das Vanillemark aus den Schoten schaben und mit Zucker und Sahne zur Butter dazugeben.

2. Alles aufkochen und dann bei mittlerer Wärmezufuhr 30 Minuten köcheln lassen. Gelegentlich umrühren.

3. Währenddessen eine Kastenform mit Backpapier auslegen und die Masse hineingießen. Ca. 1-2 Stunden abkühlen lassen.

4. Nach dem Abkühlen das Karamell in kleine Würfel schneiden.

Tipp: Die Butterkaramell-Bonbons mit Butterbrotpapier einpacken und mit einer Kordel oder weißem Siegellack verschließen.

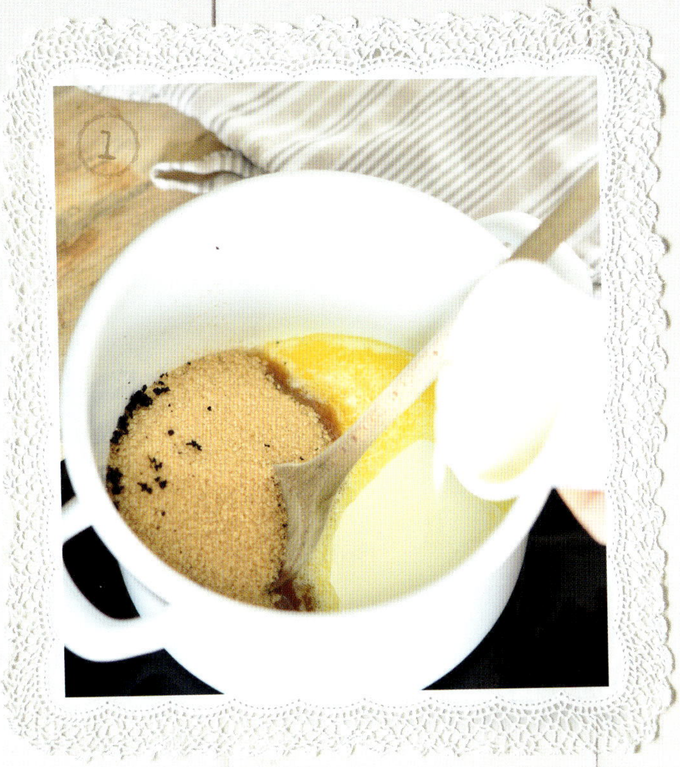
1

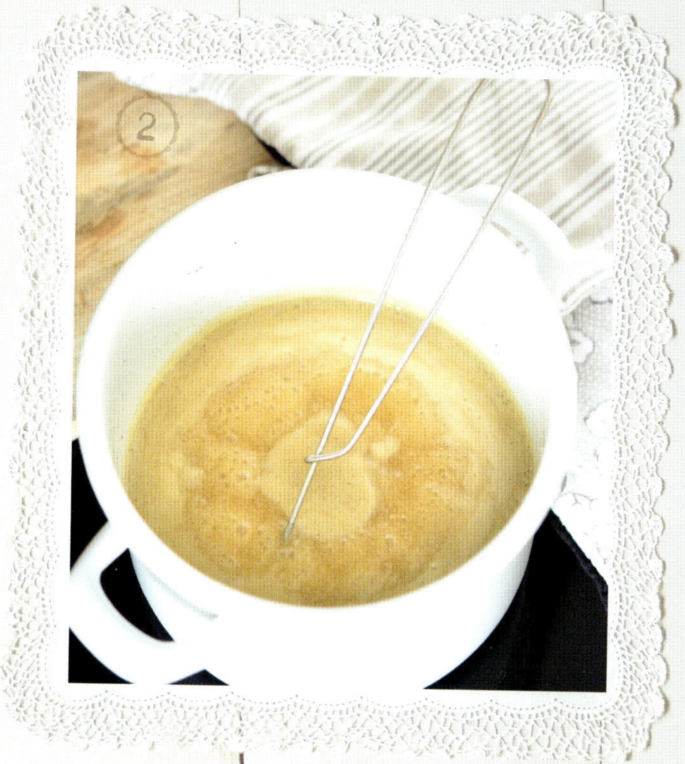
2

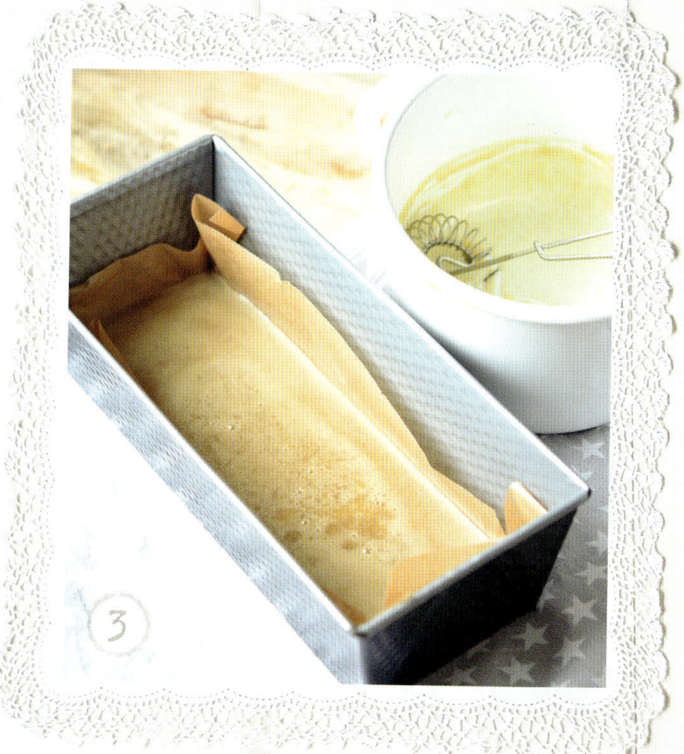
3

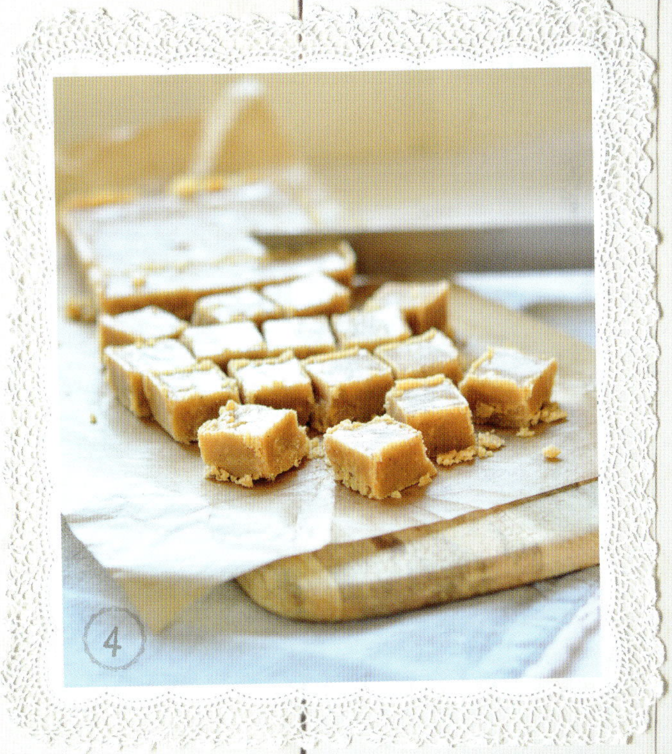
4

süss

Weiße Pralinen
mit Himbeerhäubchen
&
Baileys-Kugeln

Feinste
Köstlichkeiten,
liebevoll präsen-
tiert auf kleinen
Bilderrahmen.

Weiße Pralinen
mit Himbeerhäubchen

süss

Für 24 Pralinen

Zubereitungszeit 30 min + 1 Stunde Kühlen

Kühl und trocken gelagert 1-2 Wochen haltbar

Für die Pralinen:
100 g weiße Kuvertüre • 20 g Kokosfett

Für das Himbeerhäubchen:
30 g Sahne
1 Pck. Vanillezucker
20 g Butter • 50 g weiße Kuvertüre
10 g gefriergetrocknete Himbeeren

1 Praline enthält 57 kcal • 3,9 g KH • 0,4 g Ei • 4,4 g Fett

1. Für die Pralinen Kuvertüre und Kokosfett über einem heißen Wasserbad schmelzen. Masse in Silikon-Pralinenförmchen verteilen und im Kühlschrank fest werden lassen.

2. Währenddessen für das Himbeerhäubchen getrocknete Himbeeren im Blitzhacker fein mahlen.

3. Sahne kurz aufkochen. Platte auf niedrigste Stufe stellen und Vanillezucker, Butter und Kuvertüre in der Sahne schmelzen. Gemahlene Himbeeren untermischen.

4. Die Himbeersahne ca. 1 Stunde kühl stellen, dann mit einer kleinen Spritztülle auf den Pralinen verteilen.

Tipp: Gefriergetrocknete Himbeeren gibt es im Reformhaus. Da man nur eine kleine Menge braucht, kann man sie auch aus einem Früchte-Müsli herauspicken.

Tipp: Beim Induktionsherd ist kein Wasserbad zum Erwärmen der Schokolade notwendig, diese einfach im Topf auf niedrigster Stufe schmelzen.

Baileys-Kugeln

süss

Für 20 Kugeln

ZUBEREITUNGSZEIT
30 min
+ 2 Stunden
Kühlen

Kühl und trocken gelagert 2-3 Wochen haltbar

100 g Löffelbiskuits
60 ml Baileys
20 g weiche Butter
150 g weiße Kuvertüre
2-3 Pck. Vanillezucker

1 Kugel enthält 86 kcal • 10 g KH • 0,8 g Ei • 4,4 g Fett

1. Biskuits im Blitzhacker fein mahlen.
2. Butter und Baileys dazugeben und unterrühren.
3. Die Kuvertüre über einem heißen Wasserbad schmelzen und mit der Masse verrühren. 1 Stunde kühl stellen.
4. Daraus kleine Kugeln formen und nochmals 1 Stunde kühl stellen, bevor man sie zum Schluss in Vanillezucker wälzt.

Tipp: Beim Induktionsherd ist kein Wasserbad zum Erwärmen der Schokolade notwendig, diese einfach im Topf auf niedrigster Stufe schmelzen.

Tipp: Kleine Bilderrahmen kann man als Tablett umfunktionieren und darauf die Pralinen dekorativ verschenken.

1

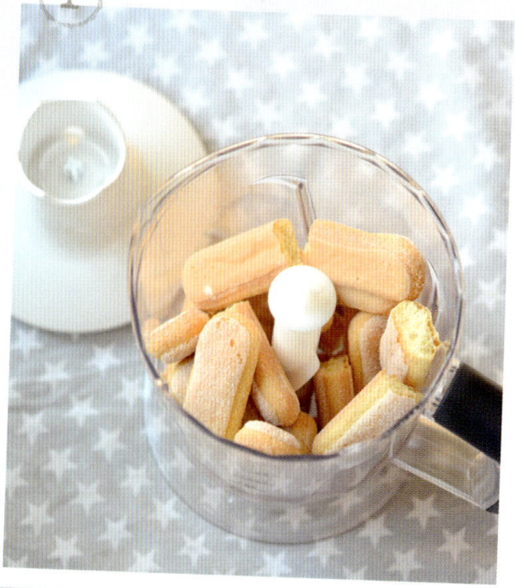

2

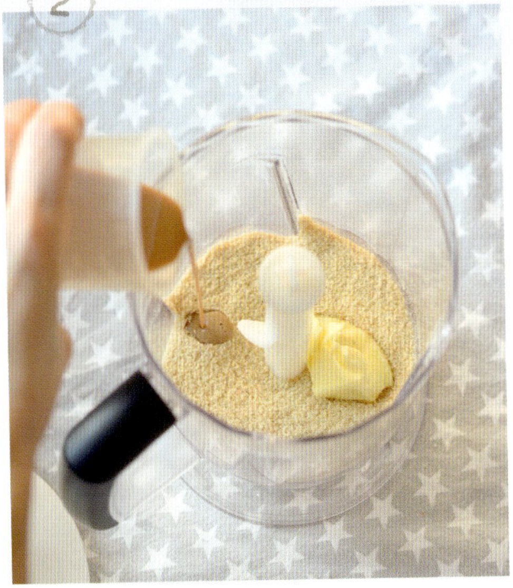

3

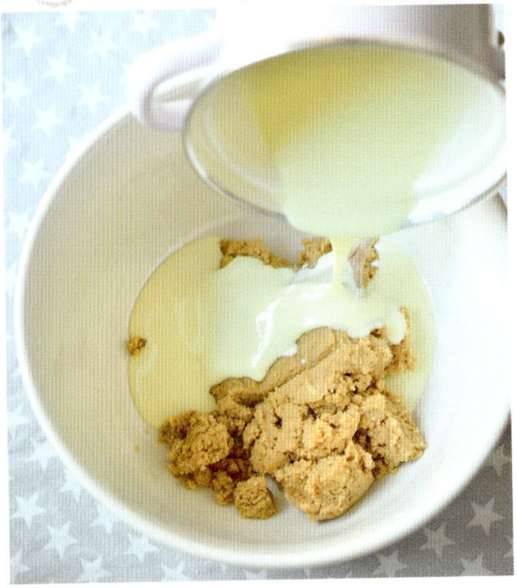

4

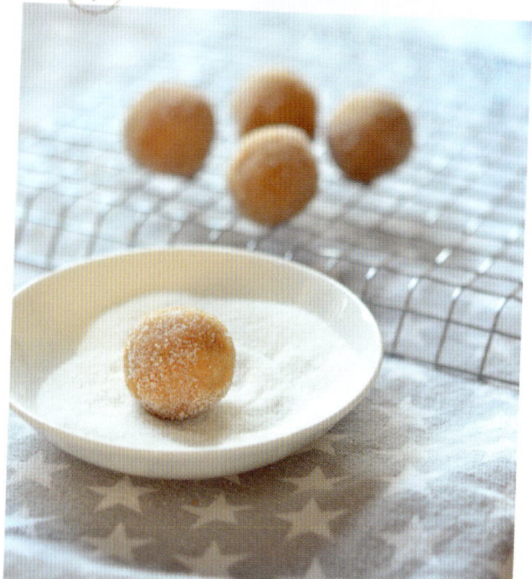

süss

Fruchtgummi-Sterne
mit Heidelbeer-Nelken-Flavor

Für Gummibärchen-Liebhaber!

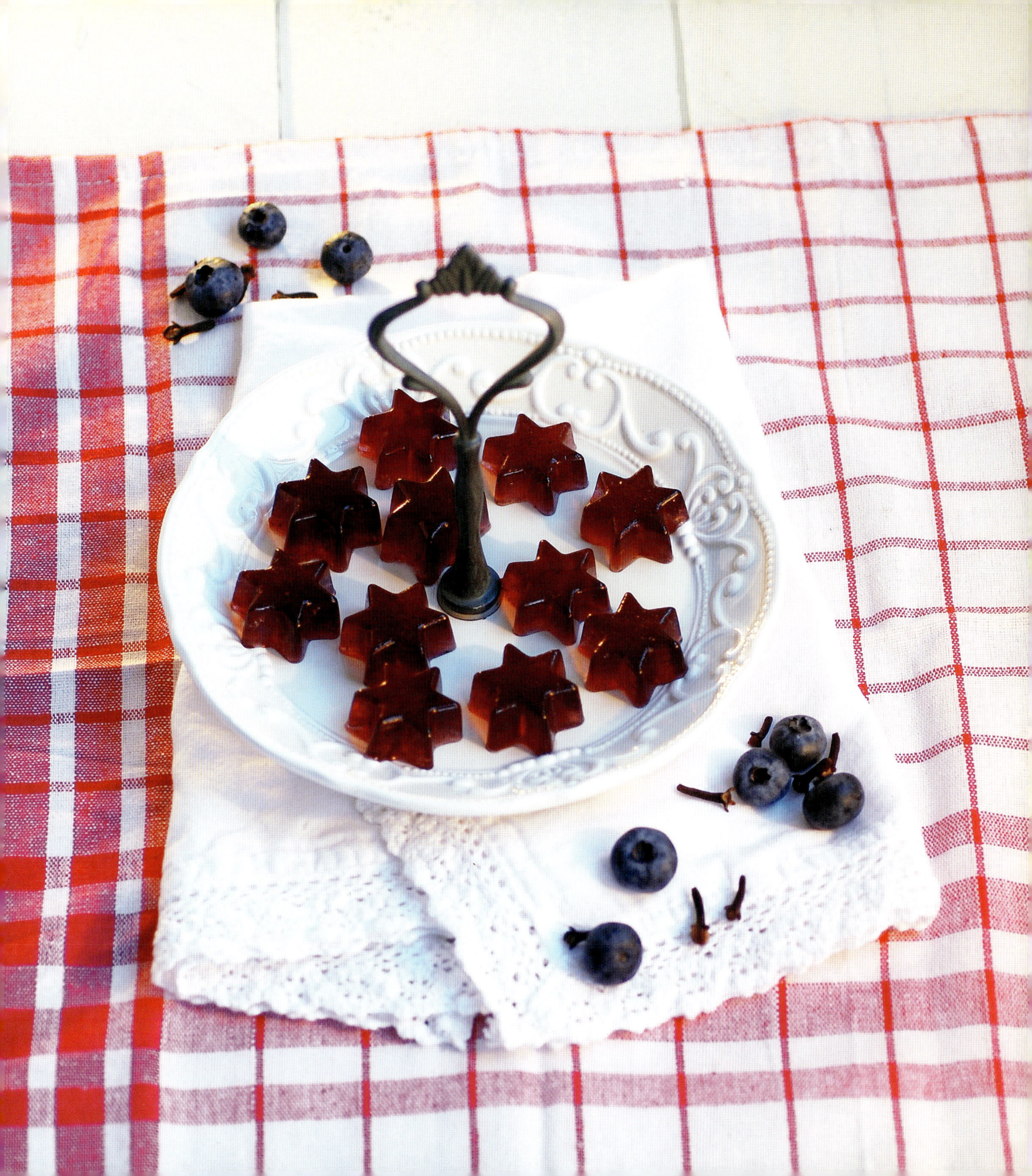

süss

Fruchtgummi-Sterne
mit Heidelbeer-Nelken-Flavor

Für 22 Sterne

Zubereitungszeit 15 min + 3 Stunden Kühlen

Möglichst luftdicht aufbewahrt 2–3 Wochen haltbar

8 Blatt Gelatine
50 ml Heidelbeersaft
50 g Zucker
1 EL Zitronensaft
2 Msp. gemahlene Gewürznelken

1 Fruchtgummi enthält 10 kcal • 3 g KH • 0 g Ei • 0 g Fett

1. Gelatine in kaltem Wasser einweichen.

2. Die restlichen Zutaten kurz aufkochen, vom Herd ziehen. Die Gelatine ausdrücken und im heißen Mix auflösen.

3. In Silikon-Förmchen füllen und ca. 3 Stunden kühl stellen, bevor man sie aus der Form löst.

Tipp: In Skandinavien gibt es Heidelbeersaft in jedem Supermarkt. Hier findet man ihn in Reformhäusern, Naturkostläden oder im Internet.

99

PIKANT

Käsestangen
MIT ROTWEINREBELL

> Backfrisch ein luftig lockerer Genuss. Verlängert man die Backzeit, kann man sie als krosses Knabbergebäck zu Kräuterquark genießen.

PIKANT

Käsestangen
MIT ROTWEINREBELL

Für 60 Stangen

ZUBEREITUNGSZEIT 60 min

Trocken gelagert 1-2 Wochen haltbar

400 g Mehl
15 g frische Hefe
2 TL Salz • 2 Msp. Zucker
200 ml lauwarmes Wasser
200 g Rotweinrebell
1-2 EL Tomatenmark
30 ml Olivenöl

1 Stange enthält 35 kcal • 5 g KH • 2 g Ei • 1 g Fett

1. Mehl in eine Schüssel geben. In die Mitte eine Mulde formen und Hefe, Salz und Zucker hineingeben. Mit etwas lauwarmen Wasser bedecken. 30 Minuten zugedeckt an einem warmen Ort ruhen lassen.

2. Inzwischen den Käse reiben. 120 g geriebenen Käse, Tomatenmark, Öl und restliches Wasser zum Hefeansatz dazugeben und zu einem glatten Teig verkneten.

3. Ofen vorheizen (220 °C, Umluft 200 °C). Den Teig in kleinen Portionen zu dünnen Stangen rollen (ca. 1 cm dick und 20 cm lang). Die Stangen dicht an dicht auf ein mit Backpapier belegtes Blech legen, mit dem übrigen Käse bestreuen und ca. 5 Minuten backen.

4. Nun die noch nicht fertig gebackenen Stangen mit etwas Abstand zueinander auf dem Blech platzieren und weitere 5-10 Minuten backen.

Tipp: Vom Käse nur die dünne Schutzfolie entfernen, damit die vom Rotwein getränkte Rinde ihr Aroma in den Käsestangen entfalten kann.

①

②

③

Stangen zunächst dicht an dicht legen, damit möglichst viel Käse auf den Stangen liegen bleibt.

④

PIKANT

Griebenschmalz
MIT WACHOLDER

> Nach jedem Laternenfest gab es bei uns früher Schmalzbrote mit Salz. Immer noch eine schöne Tradition nach Winterspaziergängen. Durch die Geschmacksnote der Wacholderbeeren wird das Schmalz veredelt.

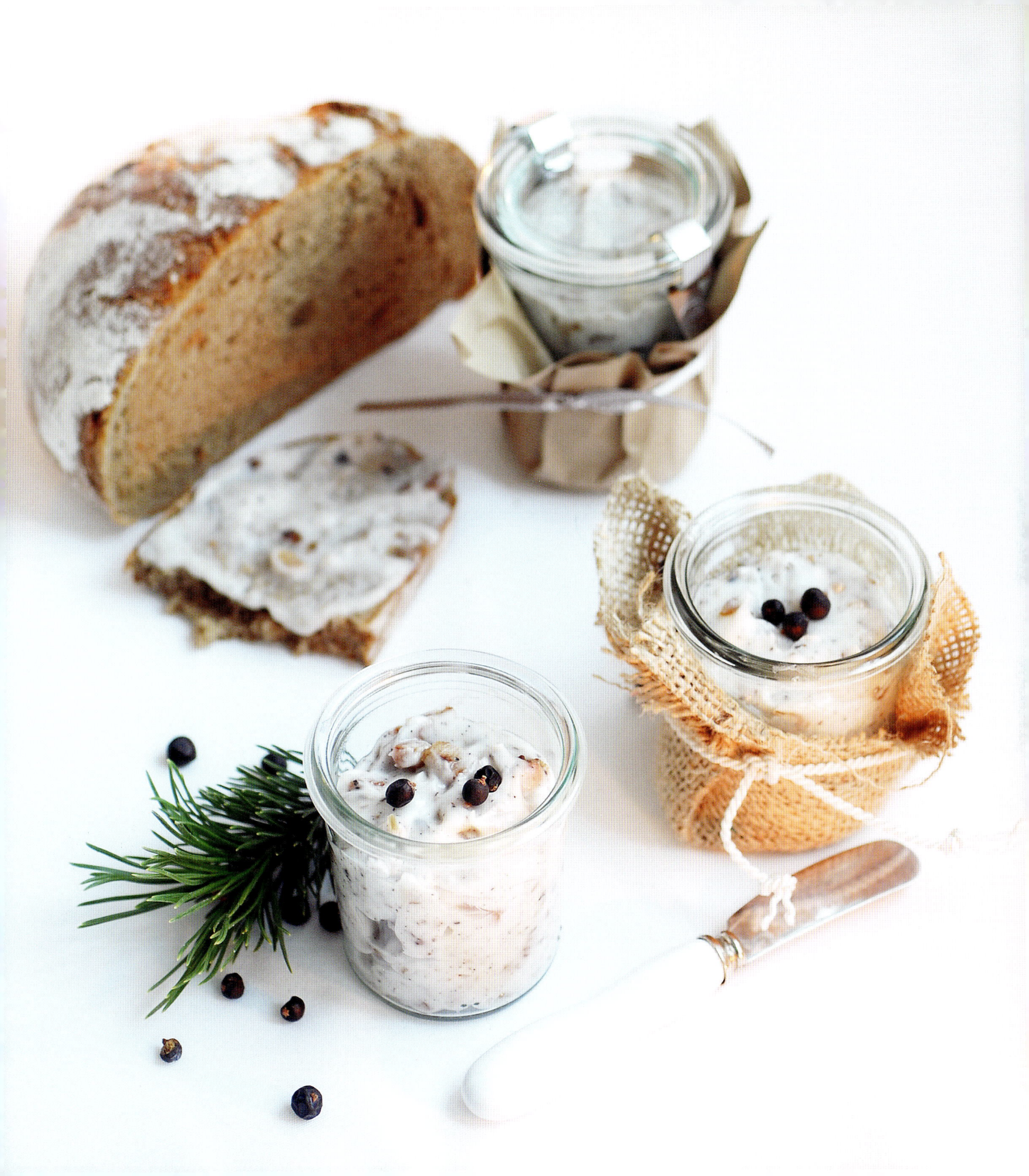

PIKANT

Griebenschmalz
MIT WACHOLDER

Für 3 Gläser (160 ml)

ZUBEREITUNGSZEIT 15 min

Kühl und trocken gelagert 2-3 Wochen haltbar

20 Wacholderbeeren
100 g Speck
1 Zwiebel
250 g zimmerwarmes Schweineschmalz
Salz • Pfeffer

100 g enthalten 790 kcal • 3 g KH • 2,5 g Ei • 85 g Fett

1. Wacholderbeeren im Mörser klein stampfen und zerreiben.

2. Speck und Zwiebel klein schneiden und in etwas Schmalz knusprig anbraten. Zermahlenen Wacholder zugeben.

3. Die entstandenen Grieben mit Schmalz vermengen und mit Salz und Pfeffer abschmecken. Auf Gläser verteilen.

Tipp: Gläser nur von unten mit Packpapier oder Jutestoff umwickeln und mit einer Kordel umbinden, damit man den Inhalt schon beim Verschenken erkennen kann.

① ② ③

PIKANT

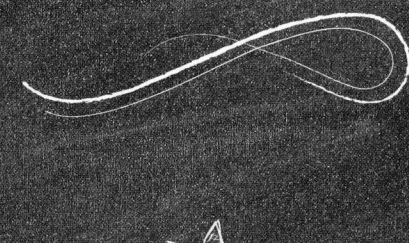

Nudeln
Selbst gemacht

Nudeln selber machen macht Spaß und das Ergebnis lohnt sich! Besondere Highlights kann man durch Formen und Aromen setzen.

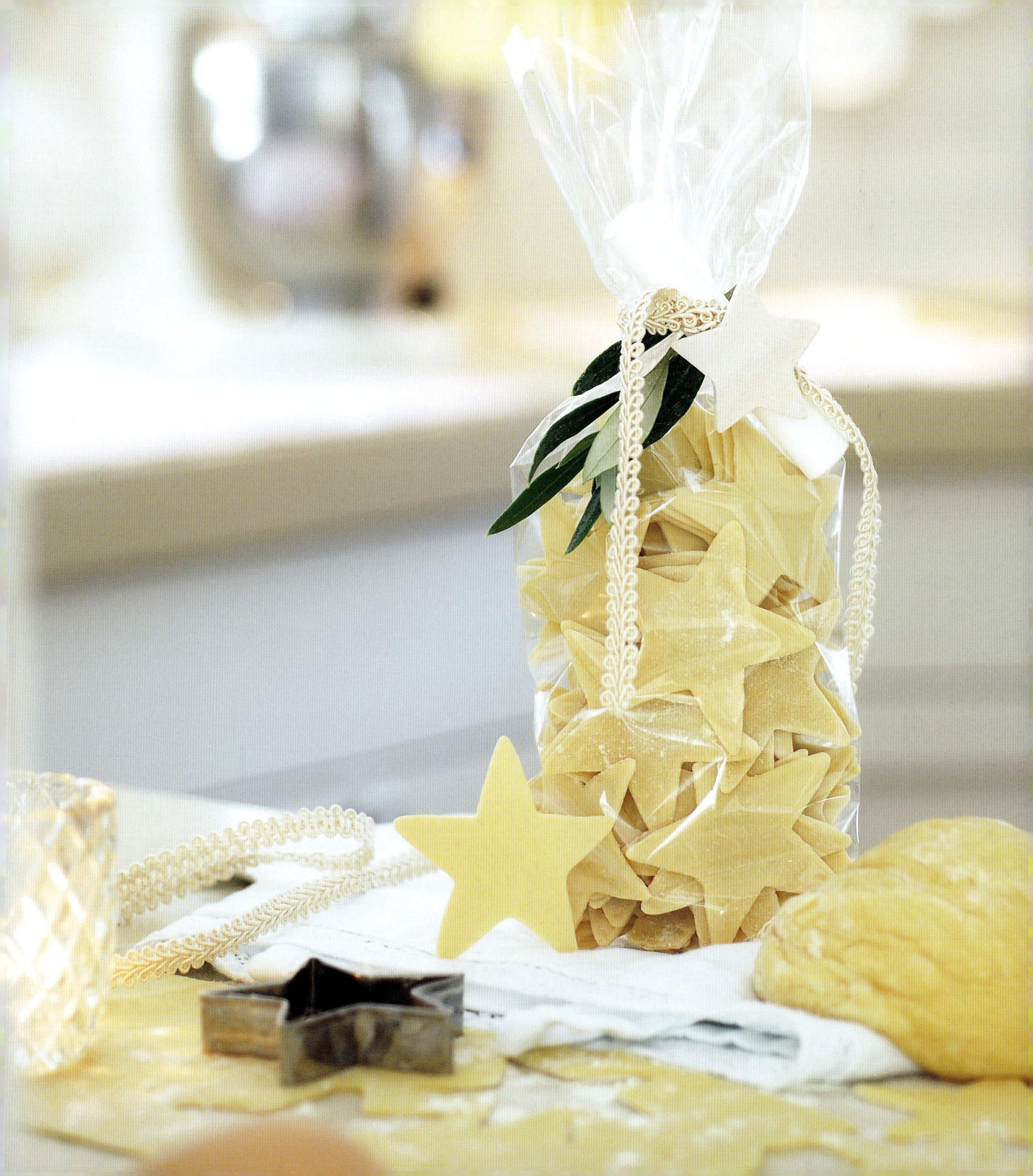

PIKANT

Nudeln
in Sternform

Für
2 Tüten
(4 Portionen)

ZUBEREITUNGSZEIT
50 min
+ 24 Stunden
Trocknen

Trocken und
luftig gelagert
1-2 Monate
haltbar

500 g Mehl
4 Eier
80-100 ml Wasser
1 TL Salz

100 g gekochte Nudeln enthalten 255 kcal • 45,7 g KH • 9,8 g Ei • 3,1 g Fett

1. Alle Zutaten miteinander verkneten.

2. Den Teig in kleine Portionen aufteilen und immer wieder durch die Walze einer Nudelmaschine drehen (zunächst auf breitester Einstellung). Zwischendurch den Teig etwas bemehlen. Bei den ersten Malen reißt der Teig noch, daher legt man ihn immer wieder zusammen und wiederholt den Vorgang mehrmals.

3. Mit der Zeit wird der Teig geschmeidig und glatt. Nach und nach kann man die Einstellung bis auf die gewünschte Nudeldicke verringern.

4. Aus den Nudelplatten auf einer bemehlten Unterlage Sterne ausstechen. Diese über Nacht auf Küchenpapier gut trocknen lassen, damit die Haltbarkeit gewährleistet ist.

Tipp: Die Nudeln in Zellophantüten verpackt verschenken, damit das Kunstwerk gleich bewundert werden kann.

Die Kochzeit für die Nudeln beträgt 6-7 Minuten.

1
2
3
4

PIKANT

Trüffelnudeln

Für 2 Tüten (4 Portionen)

ZUBEREITUNGSZEIT 35 min + 24 Stunden Trocknen

500 g Mehl
4 Eier
50 ml Trüffelöl
50 ml Wasser
1 TL Salz

Mit Trüffelöl eine Delikatesse

Trocken und luftig gelagert 1-2 Monate haltbar

100 g gekochte Nudeln enthalten 310 kcal • 45,7 g KH • 9,8 g Ei • 8,9 g Fett

1. Alle Zutaten wie bei den Sternnudeln beschrieben (siehe S. 110) zu glatten Teigplatten verarbeiten und durch den Bandnudel-Aufsatz der Nudelmaschine drehen.

2. Nudeln über einem Nudeltrockner 24 Stunden trocknen lassen.

3. Nudeln vorsichtig verpacken.

Tipp: Die Tüten kann man aus Packpapier selber basteln. Vor dem Zusammenkleben mit dem Cutter ein Fenster ausschneiden und von der Innenseite mit Zellophanpapier bekleben.

Kleine Glanzstücke veredeln die Nudeltüte. Dafür gepresste Eichenblätter und Eicheln mit Anlegemilch (gibt es in Bastelläden) bepinseln, 10 Minuten trocknen lassen und mit silbernem Blattmetall belegen. Überstehende Reste mit einem weichen Tuch abreiben.

Die Kochzeit für die Nudeln beträgt 6-7 Minuten.

① ② ③

PIKANT

Rucola-Walnuss-Pesto
&
Möhren-Oliven-Pesto

> Damit kann man in wenigen Minuten ein köstliches Essen zubereiten. Einfach zu Pasta servieren oder auf Brotscheiben streichen und diese 10 Minuten backen (200 °C, Umluft 180 °C).

Rucola Walnuss Pesto

Karotten Oliven Pesto

PIKANT

Rucola-Walnuss-Pesto

Für 2 Gläser (200 ml)

Zubereitungszeit 15 min

Im Kühlschrank ca. 2 Wochen haltbar

60 g Walnusskerne
100 g Bergkäse
100 g Rucola
10 ml Walnussöl
30 ml Erdnussöl
Salz • Pfeffer

100 g Pesto enthalten 393 kcal • 1,9 g KH • 13,1 g Ei • 36,7 g Fett

1. Ofen vorheizen (200 °C, Umluft 180 °C). Walnüsse ca. 5 Minuten rösten. Etwas abkühlen lassen.

2. Bergkäse in grobe Stücke schneiden und mit Rucola und den gerösteten Walnüssen im Blitzhacker pürieren.

3. Walnussöl und die Hälfte des Erdnussöls dazugeben. Mit Salz und Pfeffer würzen.

4. Das Pesto in Gläser füllen und mit dem restlichen Erdnussöl komplett bedecken, damit die Haltbarkeit gewährleistet ist.

Tipp: Sieht nett aus: Dünne Banderolen verraten, was sich im Glas befindet. Dafür die Vorlage mit einem Permanent-Marker auf Butterbrotpapier abpausen, zurechtschneiden, um das Glas binden und zusammenkleben.

Rucola-Walnuss-Pesto

VORLAGE S. 142/143

117

PIKANT

Möhren-Oliven-Pesto

Für 4 Gläser (200 ml)

Zubereitungszeit 15 min

Im Kühlschrank ca. 2 Wochen haltbar

500 g Möhren
2 Knoblauchzehen
100 ml Olivenöl
100 g Parmesan
100 g schwarze entsteinte Oliven
Salz · Pfeffer

100 g Pesto enthalten 214 kcal · 5,1 g KH · 5,3 g Ei · 19,3 g Fett

1. Klein geschnittene Möhren und gehackten Knoblauch gemeinsam in 2 EL Olivenöl ca. 5 Minuten anbraten. Etwas abkühlen lassen.

2. Parmesan in grobe Stücke schneiden und mit Möhren und Oliven im Blitzhacker pürieren.

3. 60 ml Olivenöl dazugeben. Mit Salz und Pfeffer würzen.

4. In Gläser füllen und mit dem restlichen Olivenöl komplett bedecken, damit die Haltbarkeit gewährleistet ist.

Tipp: Sieht nett aus: Dünne Banderolen verraten, was sich im Glas befindet. Dafür die Vorlage mit einem Permanent-Marker auf Butterbrotpapier abpausen, zurechtschneiden, um das Glas binden und zusammenkleben.

Möhren-Oliven-Pesto

VORLAGE S. 142/143

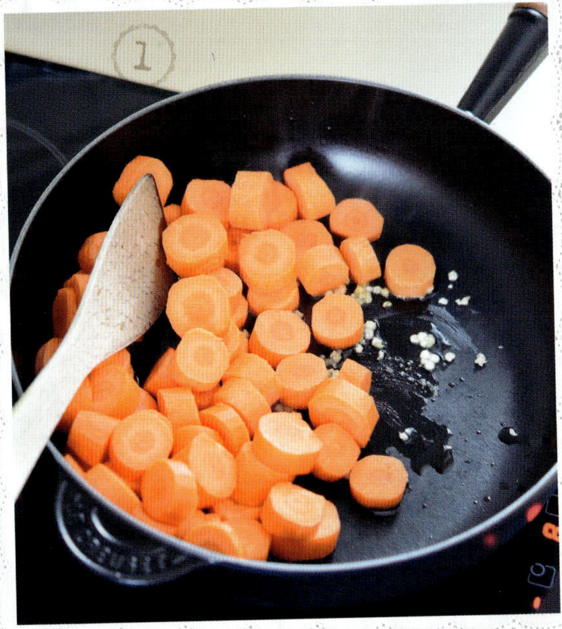
1

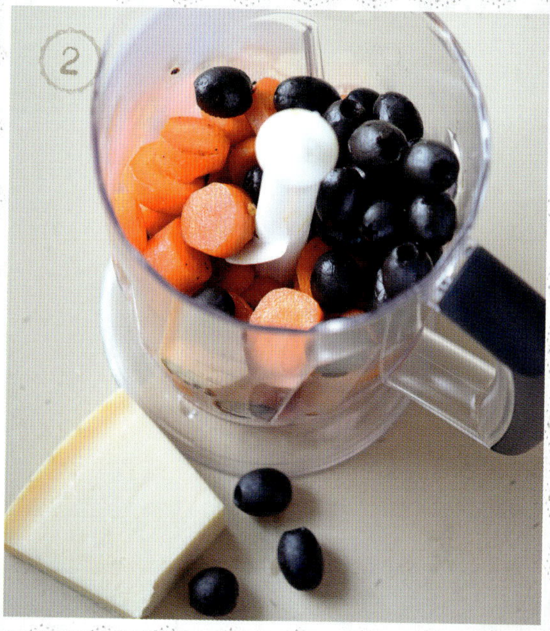
2

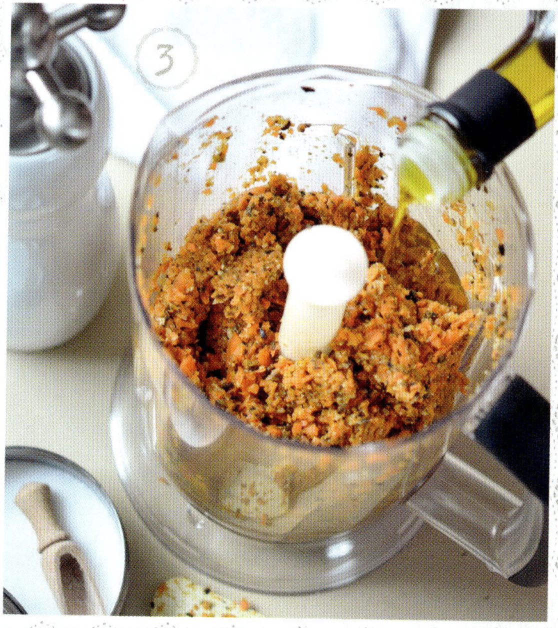
3

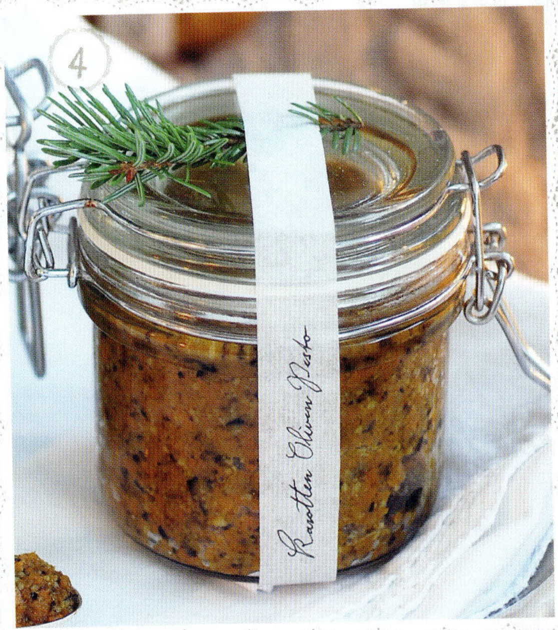
4
Karotten Oliven Pesto

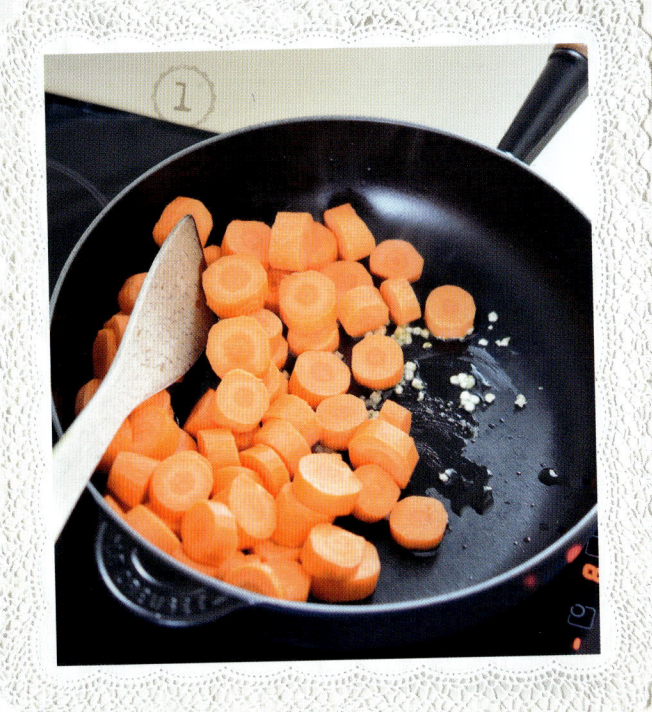

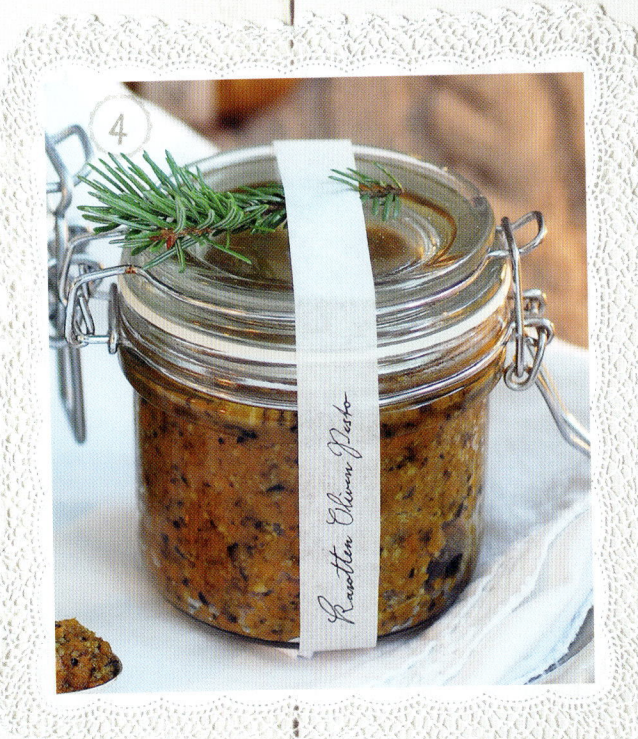

PIKANT

Schmeckt, als wäre es aus der Küche vom Nikolaus.

Tomaten-Lebkuchen-Chutney

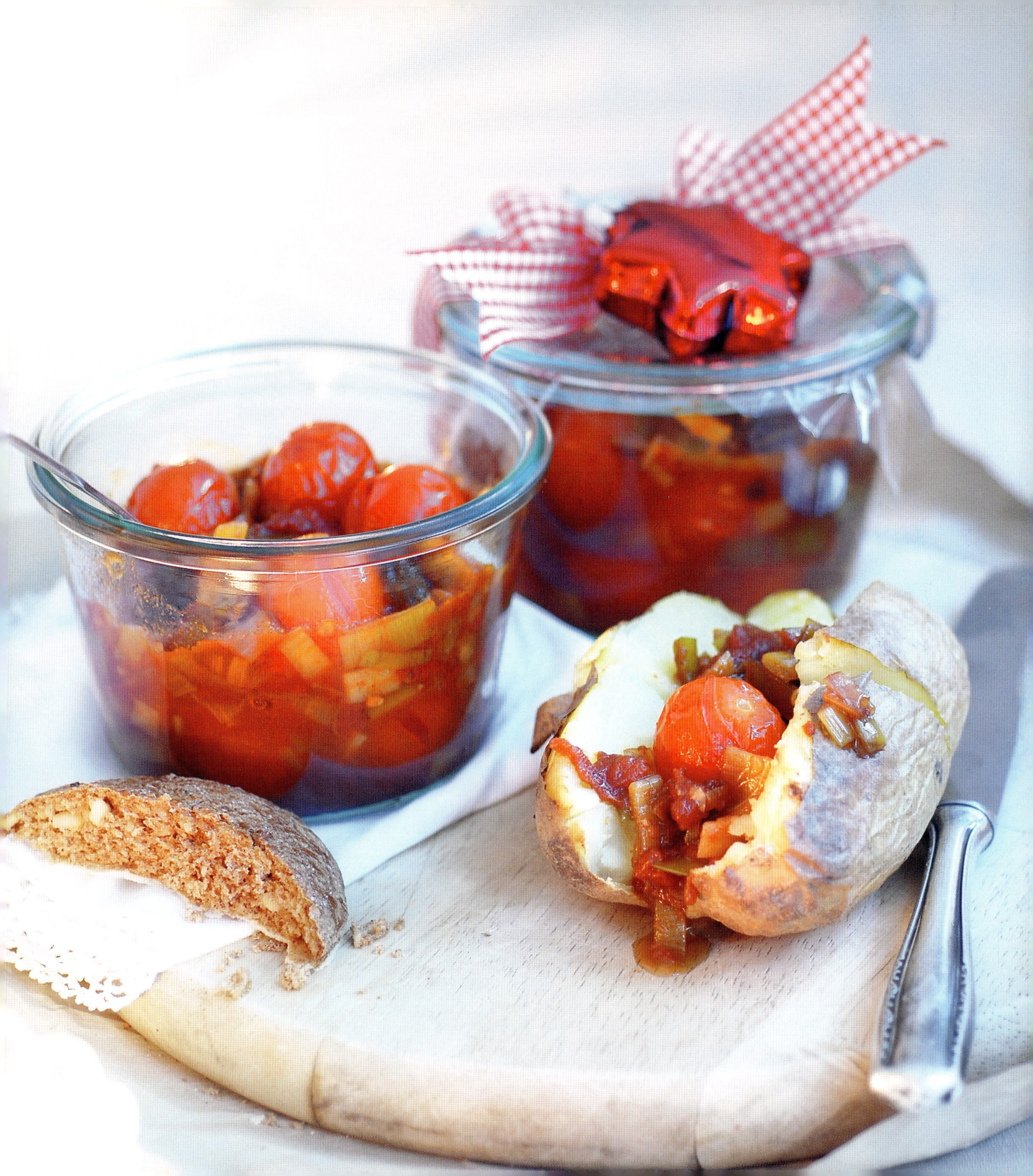

PIKANT

Tomaten-Lebkuchen-Chutney

Für 2 Gläser (300 ml)
Zubereitungszeit 35 min
Kühl und luftdicht gelagert ca. 2 Wochen haltbar

1 Stange Lauch
1 Knoblauchzehe
1 EL Butter
50 g Zucker
1 Dose geschälte Tomaten (400 g)
250 g Kirschtomaten
1 TL Lebkuchengewürz
20 ml Balsamico-Essig
Salz · Pfeffer

100 g enthalten 113 kcal · 20 g KH · 2,5 g Ei · 2,5 g Fett

1. Lauch und Knoblauch klein schneiden.

2. Butter bei mittlerer Wärmezufuhr in einer Pfanne zerlassen und den Zucker darin karamellisieren.

3. Wärmezufuhr verringern, Lauch und Knoblauch im Karamell schwenken. Dann die Dosentomaten zugeben und bei mittlerer Wärmezufuhr 15 Minuten köcheln.

4. Die Kirschtomaten für weitere 2 Minuten zugeben und mit Lebkuchengewürz, Balsamico, Salz und Pfeffer würzen. Chutney noch warm in Gläser füllen und diese gleich luftdicht verschließen.

Tipp: Das Chutney passt perfekt zu Pasta, Reis und Ofenkartoffeln. Auch als Aufstrich auf gerösteten Brotscheiben ein delikates Fingerfood.

1

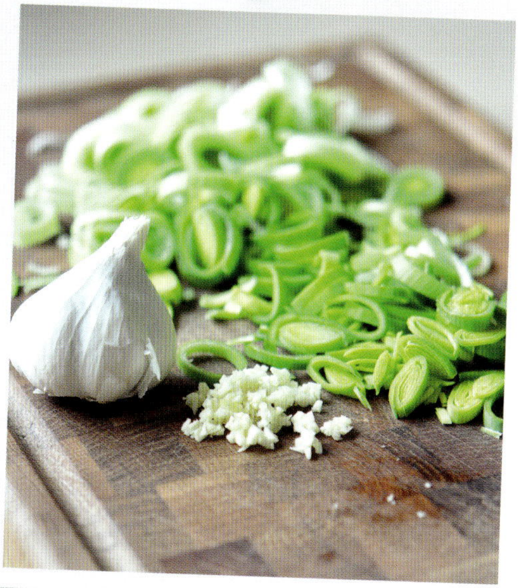

2

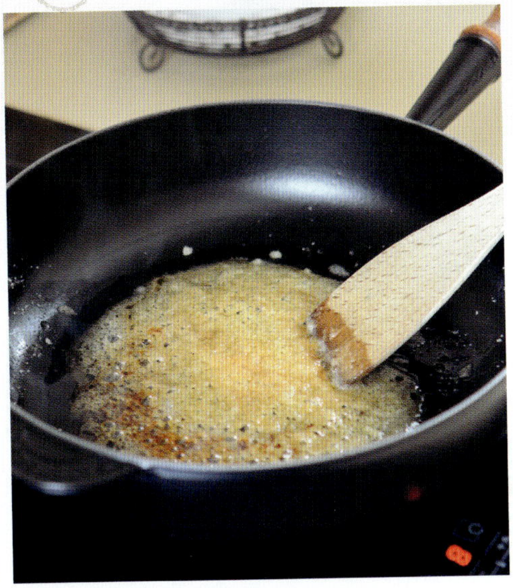

3

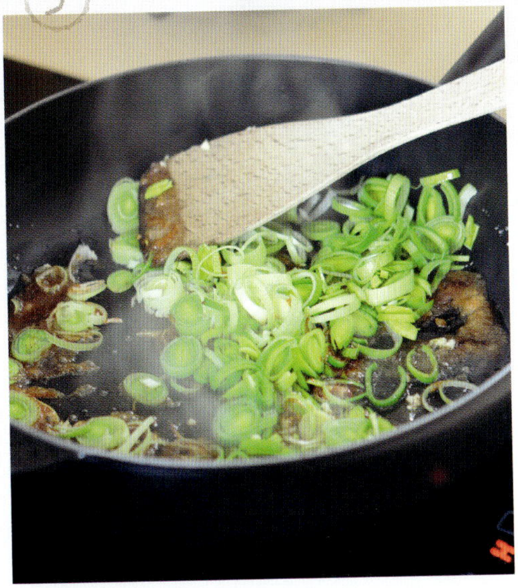

4

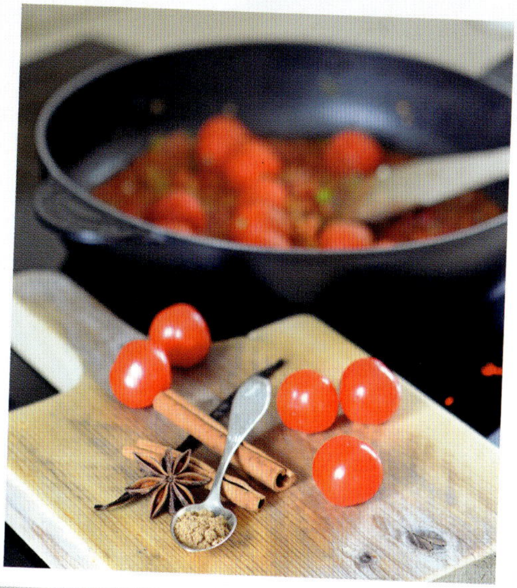

PIKANT

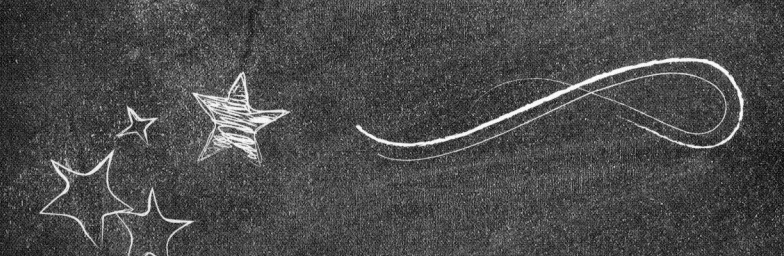

Rosmarin-Pilze
IN TRÜFFELÖL

Passt perfekt zu Pasta oder auf gerösteten Brotscheiben als Antipasti.

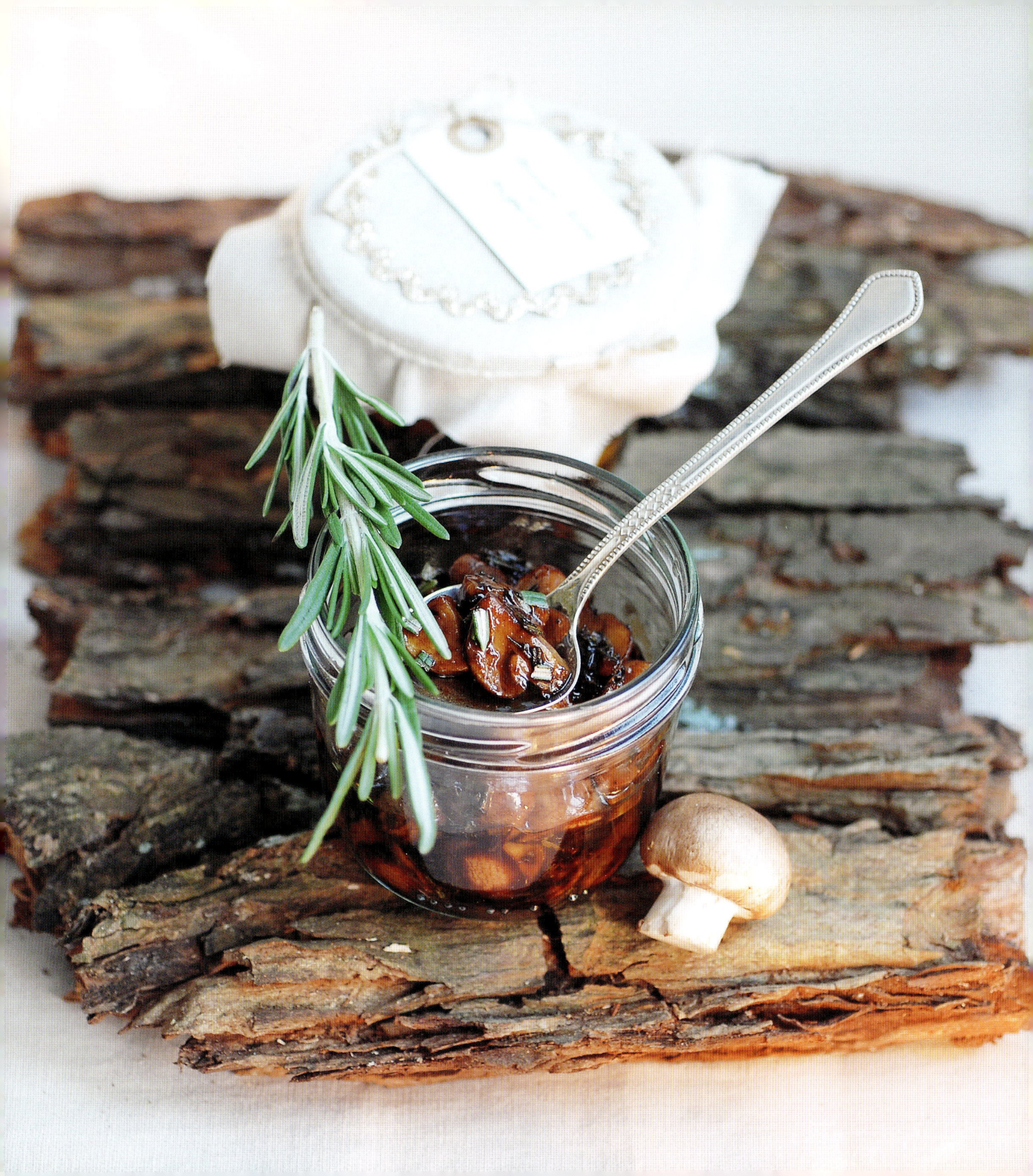

PIKANT

Rosmarin-Pilze
in Trüffelöl

Für 2 Gläser (230 ml)

ZUBEREITUNGSZEIT 25 min

Kühl und mit Öl bedeckt gelagert ca. 2 Wochen haltbar

300 g braune Champignons
2 Knoblauchzehen
2 Zweige Rosmarin
ca. 200 ml Olivenöl
20 ml Balsamico-Essig
2 EL Trüffelöl
Salz
Pfeffer

100 g enthalten 442 kcal • 1,6 g KH • 1,5 g Ei • 36,8 g Fett

1. Pilze, Knoblauch und Rosmarin klein schneiden.

2. Pilze und Knoblauch in 5 EL des Olivenöls ca. 5 Minuten braten. Balsamico-Essig und Trüffelöl zugeben. Mit Salz, Pfeffer und Rosmarin würzen.

3. Die Pilze in Gläser füllen und mit dem restlichen Öl komplett bedecken, damit die Haltbarkeit gewährleistet ist.

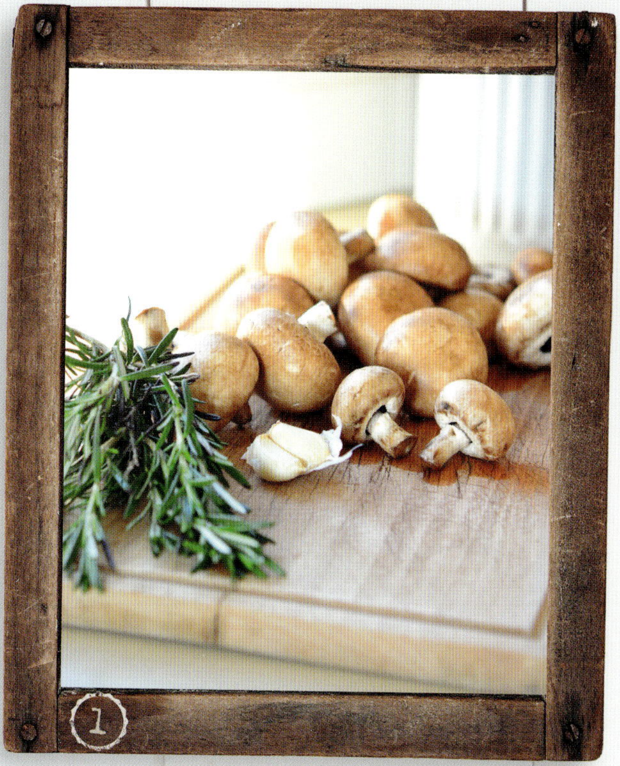
1

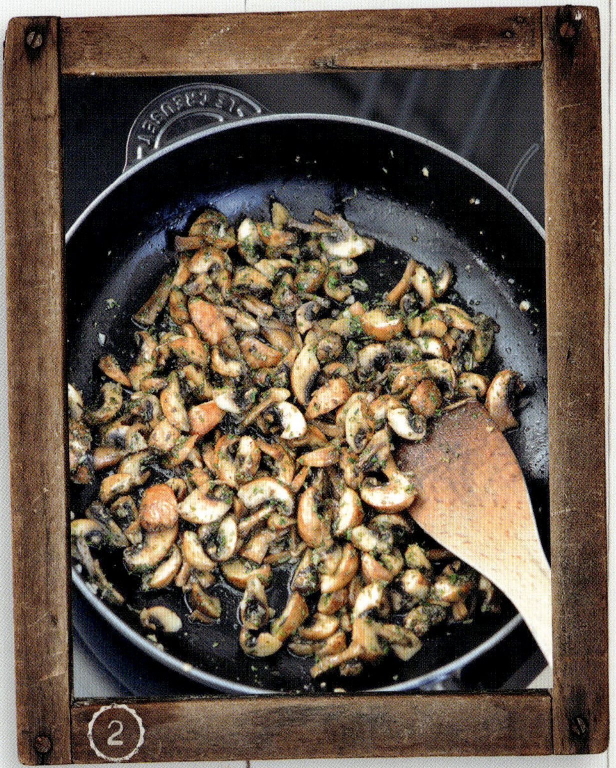
2

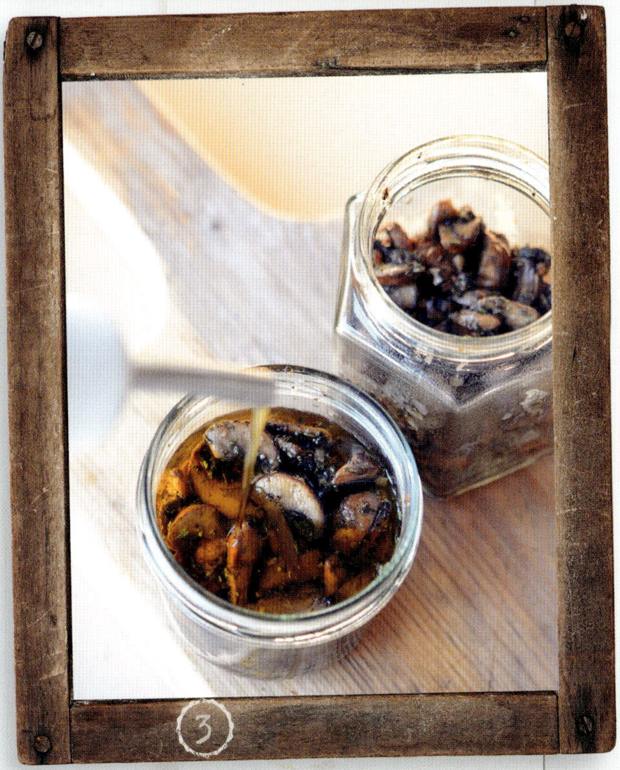
3

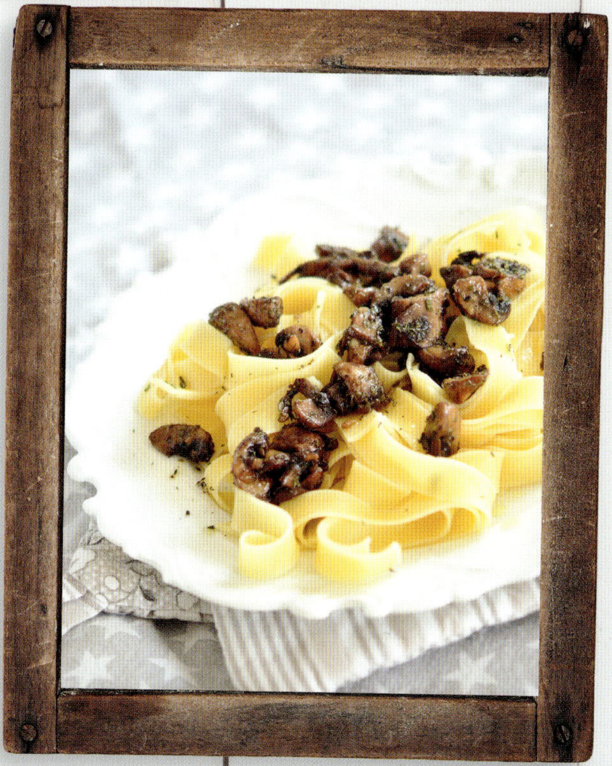

PIKANT

Mandelrisotto-Mischung
MIT GETROCKNETEN TOMATEN

— & —

Roggenbrot-Mischung
MIT CURRY

Genussvolle Fertiggerichte! Wenn es schnell gehen, aber trotzdem delikat sein soll, genau das Richtige!

Risotto~Mischung mit Tomaten und gerösteten Mandeln

1. Die Mischung in dem Öl anbraten.
2. Nach und nach 1 Liter Wasser zugeben, bis nach 20 Minuten der Reis gar ist.
3. Guten Appetit!

selbstgemacht

Roggenbrot~Mischung mit Curry und gerösteten Zwiebeln

1. Beide Mischungen mit 300 ml Wasser verkneten. Zwei Brote formen und 1 h ruhen lassen.
2. Im Heißluftherd bei 230°C 20 min backen und im geschlossenen Ofen abkühlen lassen.
3. Mit frischer Butter genießen.

selbstgemacht

PIKANT

Mandelrisotto-Mischung
MIT GETROCKNETEN TOMATEN

Für 4 Portionen

ZUBEREITUNGSZEIT 10 min

Kühl, trocken und dunkel aufbewahrt ca. 3 Monate haltbar

60 g Mandelstifte
60 g getrocknete Tomaten
250 g Risotto-Reis
4 TL gekörnte Brühe
1 Msp. Salz
2 Msp. Pfeffer
20 g Mandelöl

1 Portion 360 kcal • 51 g KH • 8 g Ei • 14 g Fett

1. Ofen vorheizen (200 °C, Umluft 180 °C). Mandelstifte 5 Minuten rösten und abkühlen lassen.

2. Getrocknete Tomaten klein schneiden. Mit Reis, Brühe, Salz, Pfeffer und den Mandelstiften in eine Zellophantüte (ca. 15 x 24 cm) geben. Mandelöl in ein kleines Fläschchen füllen.

3. Die Risotto-Mischung in einen Jutebeutel (ca. 20 x 20 cm) stecken und das Fläschchen anbinden. Jetzt nur noch das Anleitungs-Etikett ankleben und verschenken.

Risotto-MISCHUNG mit TOMATEN und gerösteten MANDELN

1. Die Mischung in dem Öl anbraten.
2. Nach und nach 1 Liter Wasser zugeben bis nach 20 Minuteuten der Reis gar ist.
3. Guten Appetit!

selbstgemacht

VORLAGE S. 142/143

Risotto

Mischung mit TOMATEN und gerösteten MANDELN

1. Die Mischung in dem Öl anbraten.
2. Nach und nach 1 Liter Wasser zugeben, bis nach 20 Minuten der Reis gar ist.
3. Guten Appetit!

selbstgemacht

Schnell zubereitet und sehr schmackhaft

PIKANT

Roggenbrot-Mischung
MIT CURRY

Für 1 Brot (600 g)

ZUBEREITUNGSZEIT 10 min

Kühl und trocken aufbewahrt ca. 3 Monate haltbar

300 g Roggenmehl
200 g Weizenmehl
1 Pck. Trockenhefe
1 TL Salz
1 TL Zucker
2 EL Currypulver
100 g Röstzwiebeln
1 Pck. Sauerteig (75 g)

100 g enthalten 474 kcal • 90,9 g KH • 14,7 g Ei • 4,6 g Fett

1. Alle Zutaten bis auf den Sauerteig miteinander vermischen.

2. Die Brotmischung in eine Zellophantüte (ca. 15 x 24 cm) füllen.

3. Aus Geschirrhandtüchern oder Stoffresten einen Beutel (ca. 20 x 20 cm) nähen und die Backmischung mit dem Sauerteig-Päckchen darin verpacken. Zum Schluss noch das Anleitungs-Etikett ankleben und jemanden damit eine Freude bereiten!

Tipp: Fertigen Sauerteig findet man im Supermarkt bei den Backzutaten.

Roggenbrot~ MISCHUNG mit CURRY und gerösteten ZWIEBELN

1. Beide Mischungen mit 300 ml Wasser verkneten. Zwei Brote formen und 1 h ruhen lassen.
2. Im Heißluftherd zunächst 10 min bei 250 °C, dann 20 min bei 180 °C backen.
3. Mit Irischer Butter genießen.

selbstgemacht

VORLAGE S. 142/143

①

②

③

Auf alle
Fälle auch
selber probie-
ren! Ist ein
Genuss!

PIKANT

Dattel-Senf

Passt vorzüglich zu Wurst und Käse oder als Aufstrich auf Butterbrot mit Banane – ungewöhnlich, aber superlecker! Die Süße der Datteln harmoniert gut mit den Bananen, die Schärfe gibt ein gutes Gegengewicht.

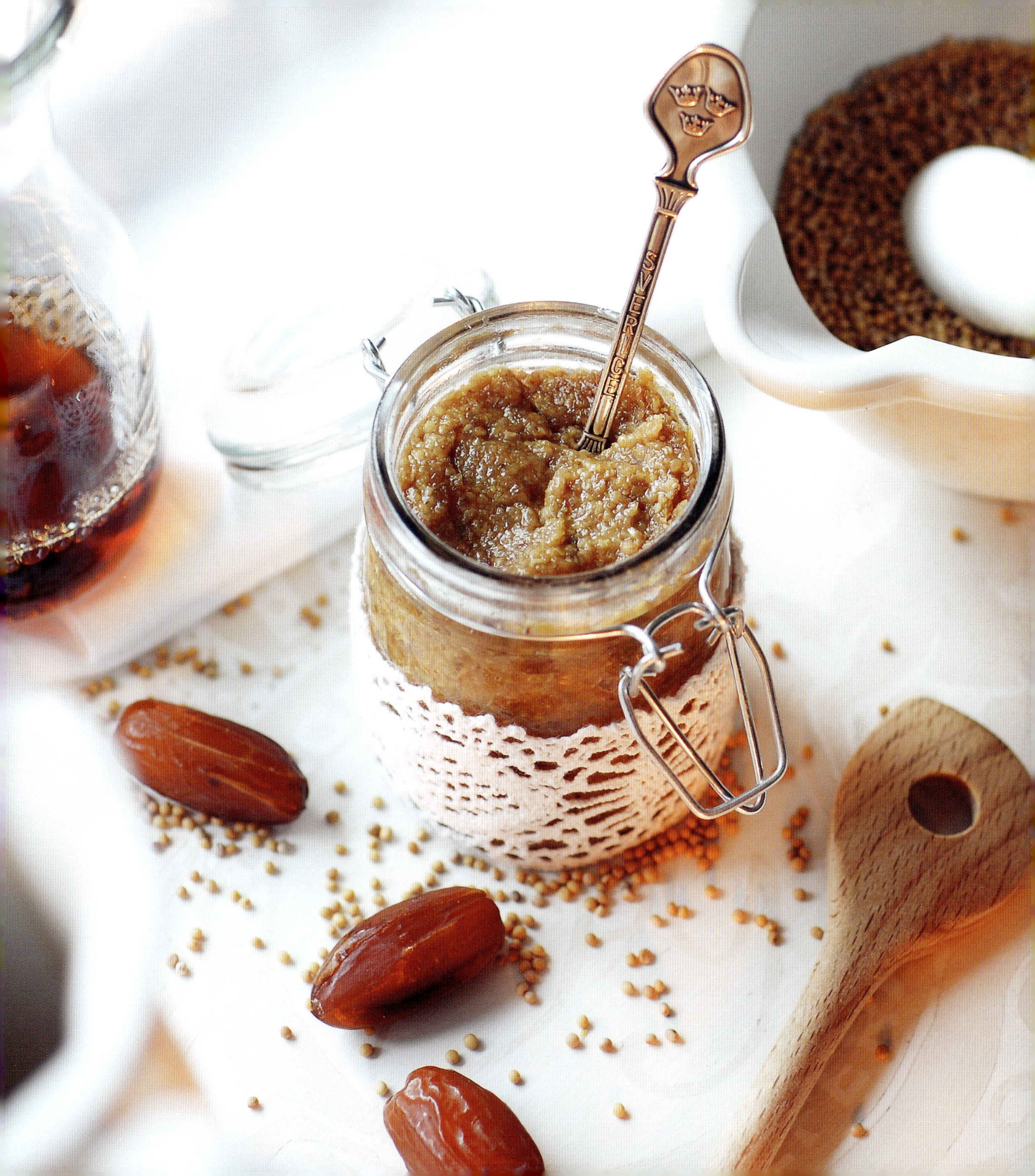
SVERIGE

PIKANT

Dattel-Senf

Für 2 Gläser (140 ml)

ZUBEREITUNGSZEIT 10 min + 4 Stunden Ziehen

Kühl und trocken gelagert ca. 6 Monate haltbar

100 g Senfkörner
80 ml Apfelessig
1 EL Salz
1 EL Honig
1 EL Erdnussöl
100 g getrocknete, entsteinte Datteln
100 ml Wasser

100 g enthalten 300 kcal • 30 g KH • 10 g Ei • 10 g Fett

1. Senfkörner in einem Blitzhacker zu Senfmehl mahlen.
2. Alle anderen Zutaten zugeben und pürieren. Schon fertig! Nur noch 4 Stunden im Kühlschrank durchziehen lassen, dabei ab und zu umrühren. Senf in Gläser füllen.

Tipp: Je feiner man die Senfkörner mahlt, umso schärfer wird der Senf.

Daraus wird der Senf gemacht.

①

②

PIKANT

Kräuter-Gewürzöl

> Damit lassen sich ganz schnell herrliche Kräuterkartoffeln zubereiten. Dazu Kartoffeln klein schneiden, mit Öl und etwas Salz vermengen. Im Ofen (200 °C, Umluft 180 °C) ca. 30 Minuten backen. Oder Zucchinischeiben damit marinieren, anbraten und zu einem Salat reichen, einfach herrlich!

Gewürzöl zum Marinieren

PIKANT

Kräuter-Gewürzöl

Für 1 Glas (250 ml)

Zubereitungszeit 10 min

Kühl gelagert ca. 2 Wochen haltbar

15 g frischer Rosmarin
15 g frischer Thymian
1 EL Pfeffer
2 EL getrocknetes gerebeltes Bohnenkraut
2 EL Paprikapulver
250 ml Olivenöl

100 g enthalten 851 kcal • 0 g KH • 0 g Ei • 91,5 g Fett

1. Rosmarin und Thymian klein schneiden.
2. Die Gewürze mithilfe eines Filters in eine Flasche füllen. Mit Olivenöl aufgießen.

Tipp: Nette Verpackungsidee: Flasche mit Folie umwickeln. Beim Festbinden einen Marinierpinsel mit festbinden. Das wunderschöne Etikett gibt es als Vorlage zum Ausdrucken. Am besten auf Tonpapier kleben und mit einer Kordel befestigen.

Tipp: Um die Haltbarkeit auf 2 Monate zu verlängern, kann man die Kräuter nach 3 Tagen Ziehzeit mit einem Filtertuch aussieben.

Gewürzöl zum Marinieren

VORLAGE S. 142/143

① ②

Mit dem Gewürzöl kann man Fleisch, Gemüse oder Kartoffeln marinieren.

Gewürzöl zum Marinieren

DekoLiebe VORLAGEN

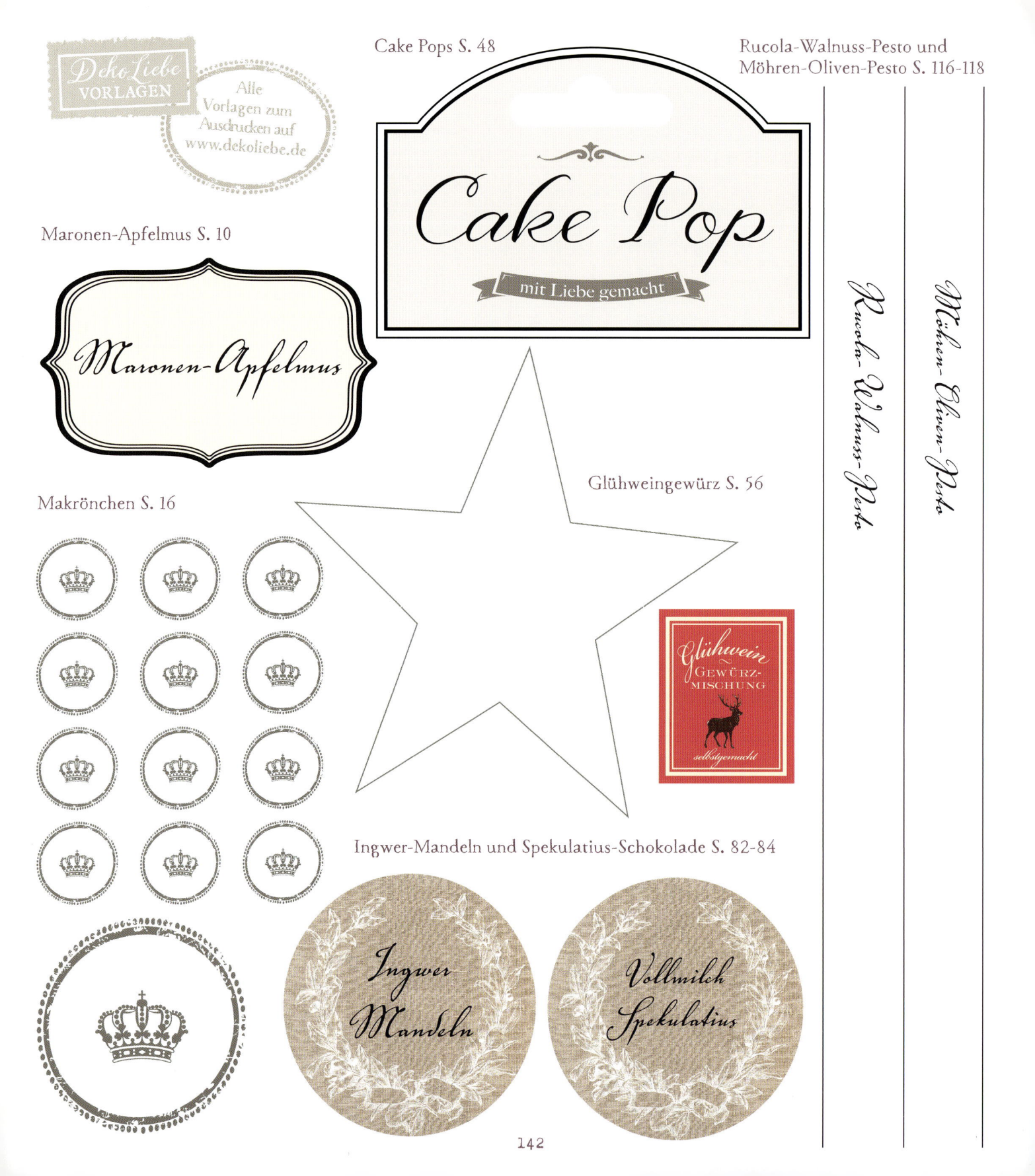

Alle Vorlagen zum Ausdrucken auf www.dekoliebe.de

Cake Pops S. 48

Rucola-Walnuss-Pesto und Möhren-Oliven-Pesto S. 116-118

Cake Pop
mit Liebe gemacht

Möhren-Oliven-Pesto

Rucola-Walnuss-Pesto

Maronen-Apfelmus S. 10

Maronen-Apfelmus

Makrönchen S. 16

Glühweingewürz S. 56

Glühwein Gewürzmischung selbstgemacht

Ingwer-Mandeln und Spekulatius-Schokolade S. 82-84

Ingwer Mandeln

Vollmilch Spekulatius

Mandelrisotto-Mischung mit getrockneten Tomaten und Roggenbrot-Mischung S. 130–132

Karamell-Likör S. 34

Roggenbrot
MISCHUNG
mit
CURRY
und gerösteten
ZWIEBELN

1. Beide Mischungen mit 300 ml Wasser verkneten. Zwei Brote formen und 1 h ruhen lassen.
2. Im Heißluftherd zunächst 10 min bei 250 °C, dann 20 min bei 180 °C backen.
3. Mit frischer Butter genießen.

selbstgemacht

Risotto
MISCHUNG
mit
TOMATEN
und gerösteten
MANDELN

1. Die Mischung in dem Öl anbraten.
2. Nach und nach 1 Liter Wasser zugeben, bis nach 20 Minuten der Reis gar ist.
3. Guten Appetit!

selbstgemacht

Karamell-Likör

Knuspermüsli S. 62

Knuspermüsli Mango

Backmischung für Brownies S. 30

Backanleitung

3 Eier mit 100 g Butter schaumig schlagen. Backmischung mit 225 ml Milch zufügen und auf einem Blech im vorgeheizten Ofen (200 °C, Umluft 180 °C) 18 Minuten backen.

Kräuter-Gewürzöl S. 140

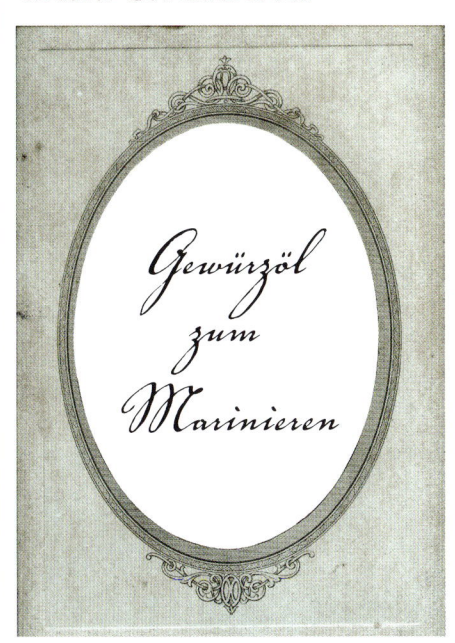

Gewürzöl zum Marinieren

Impressum

Dein Download-Code zum Freischalten der Vorlagen: 16092

Texte: Imke Johannson
Fotos und Styling: Imke Johannson für burdafood.net
Layout: spoon design, Olaf Johannson, Langgöns
Produktmanagement: Christine Rauch
Druck und Bindung: Livonia Print SIA, Lettland

© Lifestyle BusseSeewald in der frechverlag GmbH,
Turbinenstraße 7, 70499 Stuttgart, 2016

Rezeptzutaten, Materialangaben und Arbeitshinweise in diesem Buch wurden von der Autorin und den Mitarbeitern des Verlags sorgfältig geprüft. Eine Garantie wird jedoch nicht übernommen. Autorin und Verlag können für eventuell auftretende Fehler oder Schäden nicht haftbar gemacht werden. Das Werk und die darin gezeigten Modelle und Rezepte sind urheberrechtlich geschützt. Die Vervielfältigung und Verbreitung ist, außer für private, nicht kommerzielle Zwecke, untersagt und wird zivil- und strafrechtlich verfolgt. Dies gilt insbesondere für eine Verbreitung des Werkes durch Fotokopien, Film, Funk und Fernsehen, elektronische Medien und Internet sowie für eine gewerbliche Nutzung der gezeigten Modelle und Rezepte.

1. Auflage 2016

ISBN: 978-3-7724-7429-3 · Best.-Nr. 7429